Vitali Konstantinov

# 圖解貨幣簡史

## ALLES GELD DER WELT
### Vom Muschelgeld zur Kryptowährung

維達利——繪著　温澤元——譯

給世界上99%的人

# 目　錄

# Kapitel 1

## SCHENKEN, TAUSCHEN, KAUFEN

### 贈送、交換、購買

# 互助原則

## 南非塞羅(hxaro)習俗

為求生存，人類祖先不得不團結行動。他們一起狩獵、與弱者分享食物，也會照顧兒童、老人和傷者。就連現代狩獵採集者社群，也會維持（或不久前依然維持）強化互惠與合作原則的習俗。比方說，孔族人（!Kung）生活在四散於沙漠中的小型家庭群集裡，彼此相距有時遠達三百公里。必要時，他們可能會到對方家尋求暫時庇護。

乾旱讓生活變得很艱困，幾乎沒有食物了。

該去找朋友了！

在路上，我們想著令人熱血沸騰的故事。

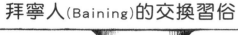

## 拜寧人(Baining)的交換習俗

想來點檳榔嗎？

好啊！我的也分你一點！

謝啦！

拜寧

以物易物的意義何在？

就跟你們交換聖誕節卡片一樣……

世界各地幾乎都有這種習俗：帶點東西給別人，並感恩地收下贈禮。

我帶了蛋糕來。

唉呦，幹嘛這麼麻煩……我來煮點咖啡吧！

新不列顛島

索羅門海

Trobriand-Inseln

巴布亞紐幾內亞

## 庫拉(Kula)習俗，特羅布里恩群島

那麼，這些臂環跟項鍊就屬於全族人了，在永恆的循環中將我們連結起來。

每一位特羅布里恩人在鄰近的島嶼上都有固定的交換對象。以順時針方向，島民會將紅色貝殼製成的項鍊從一座島傳到另一座島，來換取有用的物品。以逆時針方向，島民則會交換白色的臂環。這些珠寶都是獨一無二的，每件都有自己的故事。島民不能將珠寶佔為己有，必須持續交換下去。

## 北美洲的侯氏儂嵩逕

在無國籍的社會中，名望、儀式、聲譽與和諧、與自然的平衡、社會中的平衡，這些要素的價值遠高於財產的價值。不以利潤為導向的貿易是聯盟的核心精神。在侯氏儂嵩逕（易洛魁人的正名）聚落中，生活大小事都是由年長的婦女管理。

嘿，黑鷹。把你的戰利品留在這裡，我們會跟大家分享。

嗨，歐嬤！今天太順利了！

我即將成為最有名的最佳獵手！

# 價值、合作、交換

美吧？這可不是人人都有！

狩獵、準備食物、製造工具，這些都是有意義的活動。但在十萬年前，人類開始做「無用」的事，也開始重視看似無意義的事物。他們畫畫、跳舞、玩音樂，還會收集貝殼、動物牙齒、石頭，並將其製成墜飾或項鍊佩戴。

富馬內洞穴（義大利），西元前五萬年，尼安德塔人在大約一百三十公里外的海岸邊收集海螺殼，並在殼上穿孔作畫。

索米爾（俄羅斯），西元前三萬年。這人衣服上約有三千顆猛瑪象牙珠子裝飾。

聖日爾曼德拉-里維埃（法國），西元前一萬六千年。這名女子獲得由六十九顆鹿的犬齒製成的珠寶。

超美！

妳看……我特地為妳做的。

太驚人了！你是最了不起的獵人！不是每頭鹿都有犬齒！

好美的寶石！

很可惜，這些石頭只有在濕的時候才美，乾掉就變得灰撲撲的。但有些貝殼跟海螺殼永遠都這麼漂亮，跟瓷器一樣閃閃發亮。

這個現象似乎在人類身上根深柢固：只要發現光滑閃亮的物體，我們就無法抗拒！為什麼？這是否跟對生命來說不可或缺的水有關？

常在水邊發現珍珠母、珍珠、寶石和琥珀。河流將原始金屬從岩石中沖刷出：金、銀、銅、鉑……。各種閃亮的珍寶。用令人欣羨的材料製成的珠寶能提高人的地位。地位越高，配戴的珠寶就越多。難怪在許多文化中，本身毫無用處的珠寶會變成珠寶貨幣！

寶螺存在於印度洋、太平洋以及地中海。很早開始，人類就將貝殼當成珠寶、墓葬品、幸運符號或遊戲道具。

黃寶螺

不要叫我賊貝！賊貝有兩個殼而且沒有頭！我是海螺！

寶螺是最普及的「殼錢」，所以可能是史上第一種世界貨幣！

雪山寶螺

在非洲與印度，在喜馬拉雅山之巔和西伯利亞之低處，世界各地的人都重視寶螺。只要那個地方離海岸越遠，寶螺在當地的價值就越高。西元前六千年左右，寶螺來到中國並成為當地的法定貨幣。它們也是非洲的通用貨幣。在某些地方，直到一九五〇年代左右，寶螺還持續被當成小額零錢使用！

# 初級貨幣：北美洲

## 掘足綱貝殼錢，尤洛克部落

尤洛克人作為漁民與採集者，具有強烈的財富、債務以及信貸意識。偶爾，他們也會因欠債而互相奴役。他們的財產包括紅色啄木鳥羽毛、毛皮、扇貝和海螺殼。從北方約一千公里的海洋中採集而來的掘足綱貝殼，被尤洛克人當成珠寶以及支付媒介。因為採集地距離遙遠，這種「貨幣」相當稀有，價值也很高。

一串掘足綱貝殼大概有70公分長。尤洛克人將貝殼分成五種大小：大約6.5公分（每串11顆）；6公分（每串12顆）；5.5公分（每串13顆）；5公分（每串14顆）；4.5公分（每串15顆）。

致富的最佳方式，就是大聲談論這件事……

我也想要變有錢！

一位新娘＝10串

一艘船＝2串

嗯，第二種大小。繩子上應該要有十二顆，少了一顆。

為了檢查錢的價值，尤洛克人用前臂上的特殊紋身，來比較繩子上五顆貝殼的長度。

## 貝殼串珠，侯氏儂嵩迿

蚌蠣貝殼

刺香螺

用貝殼及海螺殼製成、串在繩子或織在串珠腰帶上的圓柱形拋光珠子，在北美洲人眼裡不僅是珠寶，同時也是交易物品、賠償金以及合約的象徵。

兄弟！這些珠子是光的載體！串珠腰帶將成為文字、驅散黑暗，讓和平永遠降臨！

5 10

在十七至十八世紀，歐洲人開始在與北美住民的毛皮貿易中，使用串珠腰帶來作為交易媒介。他們強迫沿海部落居民大量生產珠子，並將這些珠子帶到內陸。後來，他們在與原住民的易貨貿易中使用來自威尼斯的玻璃珠。

努力把珠子做出來！

用兩串換全部

只有兩串?!

# 社會：通往貨幣之路

大約在一萬兩千年前，人類開始生產食物：畜牧與農耕取代了「侵略性佔有經濟」，狩獵採集者成了農民與動物飼養者。

石器時代革命

北美洲

南美洲

歐洲

非洲

印度

中國水稻

道

水

第一批農業中心——西元前一萬兩千年

早期國家與先進文明——西元前六千年

貨幣出現——西元前七百年

哲學學說與世界宗教的出現——西元前七百年

## 家禽家畜

山羊（11000年前）、綿羊（11000）、牛（10000）、豬（9000）、雞（8000）、驢（7000）、馬（7000）、美洲駝（5000）、大象（5000）、犛牛（4500）、水牛（4500）、駱駝（4500）、單峰駱駝（4000）

## 新的生活必需品

啤酒
麵包
酒
油
起司

## 農作物

大麥、小麥（二粒小麥、單粒小麥、斯佩爾特小麥）、小米、大米、蕎麥、葡萄酒、橄欖、玉米、可可、莧菜籽、藜麥、馬鈴薯、棉花、亞麻

金屬加工
西元前九千年起

Au 金　Ag 銀　Cu 銅　Pb 鉛

生產過剩

陶瓷

輪子的發明
西元前五千年起

冰人奧茲

紡織品

棉　亞麻

玻璃

絲

## 社會分裂

手工業與職業出現

不平等！

貧窮　富裕

奴隸制

# 書寫、計算、秤重

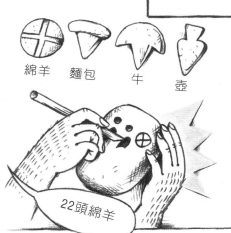

綿羊　麵包　牛　壺

22頭綿羊

城市出現後，人類才有測量、秤重、比較與紀錄的必要。大約在西元前四千年起，人類開始用黏土製成的籌碼來清點貨物與物資，後來又有人想出了直接把一切記下來的想法。大概在六千年前，人類最早的書面文件在美索不達米亞出現：收據與貨物清單。為了精準盤點，我們需要一套測量系統。

1噚
手指
手掌
腕尺
一日步行距離
呼叫距離
腳掌

## 重量

在青銅器時代早期的先進文明中，出現了一套由人從旁監督的測量系統。當時民眾製作出圖紋砝碼，並由監督員監督使用。測量貴金屬的重量時都非常精確仔細。

## 長度

種子、穀物、豆類等總是唾手可得，而且大小與重量都大同小異。這是最完美的小型計量單位！

角豆樹的種子重約兩百毫克。自古以來，這一直是鑽石重量單位克拉的基礎。

大概二十麥納……

再多一點謝克爾？

哦？太少了！

承載負重（約40-60公斤）

### 份量（古埃及）

1杯＝0.3公升

1袋＝48-75公升

1壺＝0.48公升

## 中國

100顆小米在中國古代是最小的計量單位銖（0.65克），24銖就是1兩。16兩等於1斤（在古代為250克，後來在不同地區則為500-600克）。

小米

兩
銖

斤

## 美索不達米亞

大麥

一顆大麥（0.047克）
謝克爾（8.4克）
180顆大麥
麥納＝60謝克爾（約500克）
塔冷通＝60麥納（30.3公斤）

## 埃及

沙提（重約七克的金戒指）是古埃及貨幣。兩個戒指的重量後來就成了德本（Deben，約西元前三千年）這個基本單位，銅製德本稍微重一點：23.7克。

給你，這隻漂亮的石蛙正好重十麥納！

從大約西元前一千五百年開始，埃及有了新的德本（91克）

賽努斯雷特（法老的名字）

70

黃金

70德本石　2個新德本　3個新德本

## 印度

《摩奴法論》，也就是人類神話中祖先馬努（Manu）的法典，就擬定一套非常精確的系統。最小重量單位是Trasartenu，就是在陽光下飄動的一粒塵埃。4147200個Trasartenus等於518400顆虱子卵，等於9600顆大麥，等於3200拉提（Rati），等於640顆豆子，等於40蘇瓦納斯（Suvarnas），等於10帕拉斯（Palas），等於1達拉納（Dharana），約等於440克，差不多是1磅或1麥納。

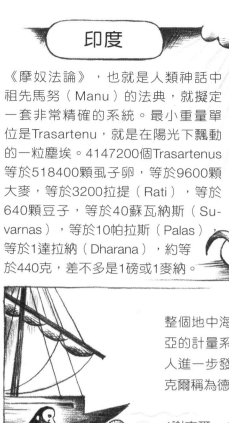

帕特納斯特豌豆（拉提，雷蒂）0.13克

綠豆、吉豆 0.02-0.04克

在印度河文明的所有城市中，石製立方體是標準配備。最小重量為0.856克，最常見的重量為13.7克

0,856 g ×2 ×2 ×2 ×2

13.7 g. 對應於古埃及的德本！

## 歐洲

整個地中海地區都採用美索不達米亞的計量系統，並由希臘人與羅馬人進一步發展擴充。希臘人將半謝克爾稱為德拉克馬（約3.38克）

4謝克爾＝1羅馬盎司（27.1克）
12盎司＝1古羅馬磅里拉（Libra，325克）
16盎司＝1麥納（433克）

2磅

羅馬磅在許多國家逐漸被公斤取代：先是在1799年在法國，後來是德國（1872）、俄羅斯（1918）、印度（1962）、中國（1977）和愛爾蘭（2005）等。美國、賴比瑞亞和緬甸至今仍持續使用羅馬系統。

但並不是所有磅都是一樣的。即使是在十九世紀，歐洲各國都有自己的磅，甚至連不同城市都有自己設置的磅數。

一公斤

一磅？！

柏林：468.54克
樂斯拉夫：405.23克
俄羅斯：409.3克
羅馬：339.16克
法蘭克福：505.35克
阿姆斯特丹：494.04克
安特衛普：470.16克
慕尼黑：561.38克
但澤自由市：434.73克
瑞典：425.34克

## 從砝碼到貨幣

等等，很快就會有足夠的零錢了！

銀製品碎片

精確稱量的小金屬塊越來越常被拿來當成貨幣。維京人會直接將他們的戰利品切成小塊。標準化重量與皇家戳章讓這些金屬塊變成硬幣，成為官方支付媒介。許多硬幣從以前到現在都保留著重量單位的名稱：英鎊、里拉、馬克、謝克爾、德拉克馬、兩、五銖、格里夫納、阿里亞里、泰銖等。

ONE POUND

雖然英國的英鎊硬幣上寫著「一英鎊」，但這個硬幣現在只有8.75克重，而且也不是銀製成，是由鎳與黃銅製成。

# 人類與金屬：金

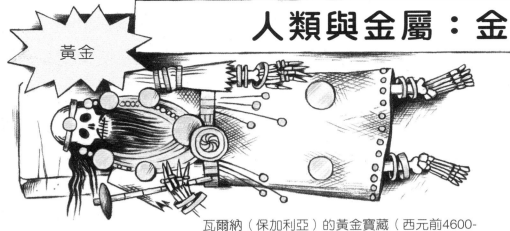

黃金

Au

瓦爾納（保加利亞）的黃金寶藏（西元前4600-4200年），這個墓葬地有歐洲最早、數量最多的黃金物品。光是在一位老先生的墓中，就找出九百九十件黃金物品：一點五公斤的黃金！

地球上每一千噸岩石中只有四克這種永不生鏽的黃色金屬。即使在早期，人類也只能找出小塊的黃金或金沙。美麗、稀有、穩定、易於加工，這些特性使黃金成為史上最受歡迎的地位象徵與價值保存物。印加人稱之為「太陽的汗水」。起初，這種金屬幾乎沒有任何實際用途；直到現代，黃金才被用於電子產業與牙醫。

人類對黃金與白銀的癡迷，引發無數場戰爭與侵略行動。

如果有人在某地發現金礦，成千上萬的淘金者就會蜂擁而至，希望能快速致富。

淘金熱！

白銀　Ag

洋人用這些銀盤付帳。秤一秤，再蓋上我們的章！

頂級雪松！整批只要一塔冷通白銀！

第二種最重要的貴金屬，也被印加人稱為「月亮的眼淚」，其出現頻率約為黃金的十五至二十倍。對製作武器來說，白銀太柔軟，只適合用於珠寶、餐具和廚具。大約從西元前五千年起，人類就開始加工白銀。西元前兩千年起，白銀成為長途貿易中最受歡迎的交換媒介，後來也成為錢幣金屬。

銅　青銅　Cu+Sn　Cu

銅是半貴金屬之一，出現頻率比銀高出約七百倍，比金高約一萬兩千倍。大約在西元前七千五百年，人類學會加工銅。著名的冰人奧茲（約西元前三千三百年）就握著一把銅斧頭。西元前三千年左右，青銅這種銅錫合金正式問世，這也有可能是巧合之下的幸運產物。青銅製的工具和武器比銅製的更堅固。然而，錫礦並非隨處可得，人們因此必須冒險行動、從事貿易接觸。自西元前一千六百年左右起，地中海地區的未加工金屬貿易就相當活絡。

鐵　Fe

鐵是地殼中最常見的元素，也是當今世上使用最廣泛的金屬。大約在西元前一千至八百年，許多地區的民眾都掌握了冶煉、鍛造鐵的技術。

# 硬幣出現前的金屬貨幣

金屬提煉是繁複艱辛的大工程，因此成品價值也相當高。鑄塊的本意是用來儲存金屬原料，但馬上變成價值與地位的象徵，幾乎可說是「貨幣」了。型態最單純的鑄塊是鑄餅，是從礦石中熔出的金屬：銅或青銅。這些金屬沈積在熔煉爐底部。為方便運輸與支付小額款項，民眾就做出體積更小的鑄塊與物品，例如珠寶和工具。

**環狀鑄塊**
西元前2000年，奧地利

**青銅鐮刀**
西元前1300年，奧地利

**溝槽短斧**
西元前900年，法國

白銀鑄塊
埃及，西元前1332-1323年，純度985.4‰重量41.55克（約1/2德本）

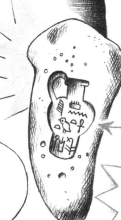

圖坦卡蒙法老王的圖章，是重量與純度的官方保證。

這些銅環重量約為兩百克，通常一捆有五環。

這些鐮刀與斧頭並不是真正的工具，只是金屬胚料，用來儲存價值以及交易用。

在這種情況下，我們或許已經可以說這是「硬幣」了！

**泰國**

**中國**

子彈錢，十三至十九世紀，傳統重量單位的銀球

- 1個Chang（約1.2公斤）＝20個Tamlueng
- 1個Tamlueng（約60克）＝4銖
- 1銖（約15克）＝8個Fueang
- 1個Fueang（約1.9克）＝800個Bia（寶螺）

在整個亞洲，直到歐洲的硬幣形式在十九世紀被採用之前，以重量為標準的金條始終是交換與支付的媒介。例如在中國，大型交易與稅收是以私人生產的銀條與元寶（銀錠、鞋錢）來支付。這種鑄塊自七世紀起就為人所知，直到一九三三年才被廢除。

50 Tael：50兩，銀，1.8公斤，125毫米

1/10兩，銀，4克，18毫米

**寮國**

**馬來西亞**

**日本**

虎舌錢，十六至十八世紀

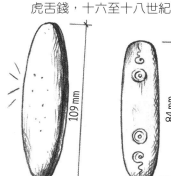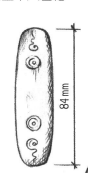

銀，103.2克　　　青銅，36克

錫帽
十六至十七世紀
錫，865克
40 mm
78 mm

在一八七一年引入日圓之前，日本的金銀幣都是條狀或球狀

一朱銀

豆板銀

大判（等於10兩），金，113克，1860年

# 非洲的傳統貨幣

在非洲的牧民群集中，例如努爾人（Nuer）、圖爾卡納人（Turkana）、馬賽人（Massai）、祖魯人（Zulu）或科薩人（Xhosa），農場動物仍被視為衡量財富與地位的標準。

就連我結婚時也得付聘禮，也就是「羅伯拉」（Lobola），整整要六十頭牛！

誰想娶我十二個女兒的其中一個，就得給我一百一十四頭牛。

| 納爾遜・曼德拉（Nelson Mandela）南非總統，科薩王子 1918-2013 | 1998 | 葛拉瑟・馬契爾（Graça Machel）莫三比克共和國政治家 1945- |
|---|---|---|

祖魯王茲維裏提尼
(Goodwill Zwelithini kaBhekuzulu, 1948-2021)

對於小額採買，當地人也會使用鹽塊或寶螺殼等自然貨幣，這在整個非洲大陸是相當常見的小額零錢。金屬也有極高價值。在非洲富含銅礦與鐵礦的地區出現了所謂的金屬加工中心，強大的帝國也相應而生。貝南（七至二十世紀）、桑海（十一至十六世紀）、隆達（Lunda，十七至十九世紀）以及盧巴（Luba，十六至十九世紀）等。在非洲，銅塊與鐵塊也成為價值儲存、地位象徵，以及硬幣出現前的貨幣。當地人可能是在與阿拉伯人和歐洲人進行奴隸與象牙貿易的過程中，賦予這些器物貨幣功能。不過，這種形式的貨幣主要是作為聘禮、贖金、陪葬品或買賣牛隻的貨幣。幾乎每個非洲民族都有自己的「貨幣」。

利比亞

馬里　布吉納法索　桑海人

幾內亞　格魯西人　蒂夫人　瑪法人
象牙海岸共和國　摩福人
克西人　多哥　貝南　柯瑪人
克魯人　迦納　奈及利亞　彌姆耶人
博勒人　　曼比拉人

賴比瑞亞共和國　　喀麥隆

科威勒人

剛果

加彭

芒戈人

蒂夫的鐵條貨幣結婚時不可或缺

鐵螺旋，芒戈的伊恩貝（Iyembe）部落

「鐵樹」，約0.8公斤，彌姆耶人

鐵長刀，0.5公斤，摩福人

安哥拉共和國

納來比亞

## 克西便士（Kilindi）

~25–35 cm

克西便士是由賴比瑞亞與獅子山的鐵匠鑄造而成，在1980年代前一直作為貨幣使用，通常是每捆二十個便士。買一頭牛需要一百捆（約七十公斤）。今日，這些便士上綴有賴比瑞亞中央銀行的圖章。一枚克西便士上有一個「耳朵」、一隻「腳」與一個「靈魂」。

我想要一串香蕉，兩根 Kilindi 嗎？

壞掉的我不收，它已經死了，已經失去靈魂了。

噢不！

沒關係，我們的鐵匠丹巴師傅能讓它重新變得完整。

如果有人死在異鄉，他們會在他的墓上擺克西便士、擺一個晚上，然後將金屬棒帶到死者家裡，讓死者的靈魂回家。

安息吧，爺爺。今天我會飛去自由城（Freetown），明天你就會回到坎佳瑪（Kangama）的家了。

## 水靈環，克魯人（賴比瑞亞）

我把環埋在花園裡，這樣就不用擔心發生乾旱了。

Ø12 cm

克魯環不僅是一種交換與儲存未加工金屬的方式，更是當地水神的「居所」。

姆博勒人
博勒人
格魯西人

這些東西真他媽的重，男人只是怕我們會跑走而已！

這種金屬經常被製成珠寶。芒戈婦女（剛果共和國）必須戴上大腳環，以顯示丈夫的財富。每個環重約四到五公斤！

### 腳環錢

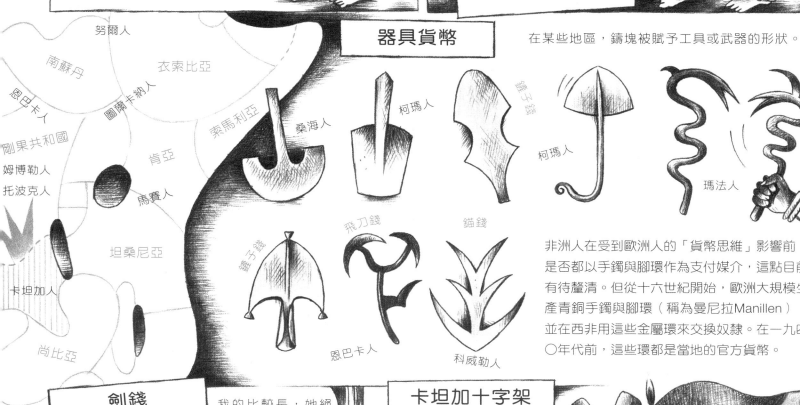

## 器具貨幣

在某些地區，鑄塊被賦予工具或武器的形狀。

桑海人
柯瑪人
鏟子錢
柯瑪人
瑪法人

飛刀錢
錨錢
錐子錢
恩巴卡人
科威勒人

非洲人在受到歐洲人的「貨幣思維」影響前，是否都以手鐲與腳環作為支付媒介，這點目前有待釐清。但從十六世紀開始，歐洲大規模生產青銅手鐲與腳環（稱為曼尼拉Manillen），並在西非用這些金屬環來交換奴隸。在一九四〇年代前，這些環都是當地的官方貨幣。

（地圖標示）蘇丹、努爾人、南蘇丹、衣索比亞、恩巴卡人、圖爾卡納人、剛果共和國、索馬利亞、姆博勒人、托波克人、肯亞、馬賽人、坦桑尼亞、卡坦加人、尚比亞、南非、祖魯人、科薩人、托波克人

### 劍錢

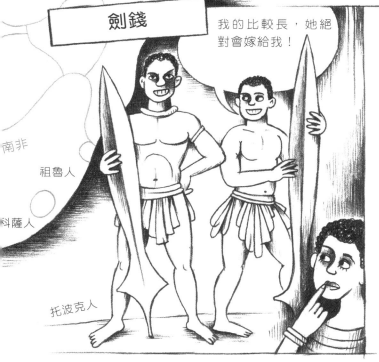

我的比較長，她絕對會嫁給我！

### 卡坦加十字架

重約零點五至一公斤的十字型銅塊，在十三世紀以陪葬品的形式出現於卡坦加，這是一個位於今日剛果南部、銅礦資源豐富的地區。後來，十字架成為貿易過程中的支付媒介，並在歐洲大陸廣泛流傳。一個十字架可換購十公斤麵粉或五隻雞，或者是十五頭羊。卡坦加的十字架一直到二十世紀都還在市面流通。卡坦加地區在一九六〇年短暫宣佈獨立時，著名的十字架就出現在國家的旗幟與硬幣上。

1:1

1法郎，卡坦加
青銅，4.8克，1961年

# Kapitel 2

# AUFSTIEG DES GELDES

## 金錢的崛起

# 硬幣的發明：中國

蒙古

中國

印度

漢朝（西元前206-220年）

夏朝（西元前2200-1600年）

商朝（西元前1570-1066年）

周朝（西元前1046-256年）

在中國，寶螺殼、玉環以及貝殼和扇貝製成的物品，也是最早期的交換與支付媒介。有時，炙手可熱的寶螺殼甚至是由骨頭或石頭雕刻而成，或是用青銅或銅鑄造而成。

蟻鼻錢，又稱鬼臉錢

銅貝

「咒」這個字意思是詛咒！

金屬加工日漸普及（西元前一千五百年開始），銅與青銅製的工具和武器受到高度重視。很快，這些器物的迷你版（斧頭、刀子或鏟子，視地區而定）成為公認的交換與支付媒介。器具貨幣就這樣出現！

戈幣

戈

魚幣

刀幣

鏟幣

大約在西元前七世紀，器具貨幣開始標有統治者的標誌。大約在此時出現了第一枚帶孔的圓幣，根據道教教義，這是宇宙的象徵。

中國的錢幣是由銅、青銅或鐵鑄造的。

「建立國家秩序！在周圍建造一堵牆！替全民設立統一的書寫系統！還有一樣的硬幣！半兩是整個帝國唯一的貨幣！」

天

天 地 土

西元前二世紀，半兩被新的硬幣三銖與五銖取代。五銖在市面上流通了七百三十九年，而且直到一九四九年，其他中國硬幣都是參考五銖的樣式製成。在大約兩千年的時間裡，錢幣的設計始終沒變！

半兩，銅，6克，西元前四世紀

1:1

1:1

秦始皇帝
中國的第一個專制皇帝，西元前259-210年

五銖，銅，3.5克，西元前100年

24

# 硬幣的發明：印度

大家對印度河文明所知甚少，這個文明的發展方式可能與埃及或蘇美的早期國家相似。考古學家找出許多貝殼項鍊、海螺殼製的手鐲、寶螺殼以及黃金首飾。據推測，這些物品都能當成貨幣，就像在中國一樣。

在鐵器時代，印度北部出現戰士共和國與帝國：吠陀文化後期。貿易的出現以及支付報酬或進貢的需要，使金屬鑄塊進而標準化。國家開始控管鑄塊、在上頭蓋上戳記。第一枚印度硬幣在此時誕生，還帶有獨一無二的特點。

巴基斯坦

健陀羅

中國

吠陀文化後期
西元前1500-500年

拘薩羅

摩差

卡西

摩揭陀

阿槃蒂

支提

印度河文明，
西元前2800-1800年

孔雀王朝
西元前320-185年

印度

特拉凡哥爾
1729-1949

阿育王
（約西元前304-232年）
的孔雀王朝幾乎征服了整個次大陸

## 錢幣的生產

金屬片被切成小塊然後秤重

或是把秤好的銀融化成小水滴狀，然後打成平的。

好，這塊的重量剛好是三十二顆拉提種子。嗯，還差一點。

有點太重，需要把一個角切掉！

空白處會被敲上戳章（印記）。目前已知的戳章圖樣高達六百種。然而，這些戳章的含義有時並不清楚。有時一枚錢幣上甚至會出現五到七個戳章。

新的王子的戳章必須在上面，我主人的戳章也是！

莎塔瑪納，健陀羅，銀，11克
西元前600年，100個拉提

卡爾莎帕納，摩揭陀
銀，3.5克，西元前500年，32個拉提

1/32卡爾莎帕納，孔雀王朝
銀，0.14克，西元前300年

在希臘與波斯的影響下，雙面都有圖樣的圓幣首次出現在印度西部。

銅幣，健陀羅，銀，1.8克，約西元前180年

特拉凡哥爾王朝

法納姆
0.3克，至1810

1/2恰克蘭姆
銀，0.2克
至1810

恰克蘭姆
銀，0.4克
至1860

蓋上戳章的迷你硬幣持續發行了將近兩千年。特拉凡哥爾王朝的法納姆和恰克蘭姆非常小，小到幾乎無法用手指捏著。如果要計算這種硬幣，必須把硬幣擺在特製的木板上，板子上有相對應的孔洞。

這是世界上最小的硬幣！

# 從希臘烤串（Souflaki）開始

荷馬在《伊利亞德》（約西元前八世紀）中沒有提到錢。當時，牛被當成衡量價值的標準。

希臘人也會將牛當成供品獻給神靈。每一位公民都有權獲得一定數量的祭祀肉串。這種權利可以轉讓或交換嗎？還是說烤肉串（Soufli或Obolos）是一種器具貨幣呢？一枚小銀幣也被稱為奧波勒斯（Obolus），而六個奧波利（Oboli）則組成一個德拉克馬（Drachme，意思是「一把」）。奧波勒斯也被用來支付通往死亡之國的費用。時至今日，希臘人有時仍會在死者口中放一枚奧波勒斯。來自利底亞的希臘傭兵引入「貨幣思維」與硬幣。很快，每個城邦都開始鑄造自己的硬幣，他們起先是仿造利底亞人的斯塔特。

希臘的第一座鑄幣廠位於埃伊納島。希臘人像利底亞人一樣鑄造自己的硬幣，但只用銀來鑄造。此刻起，鑄幣術傳遍全歐洲。

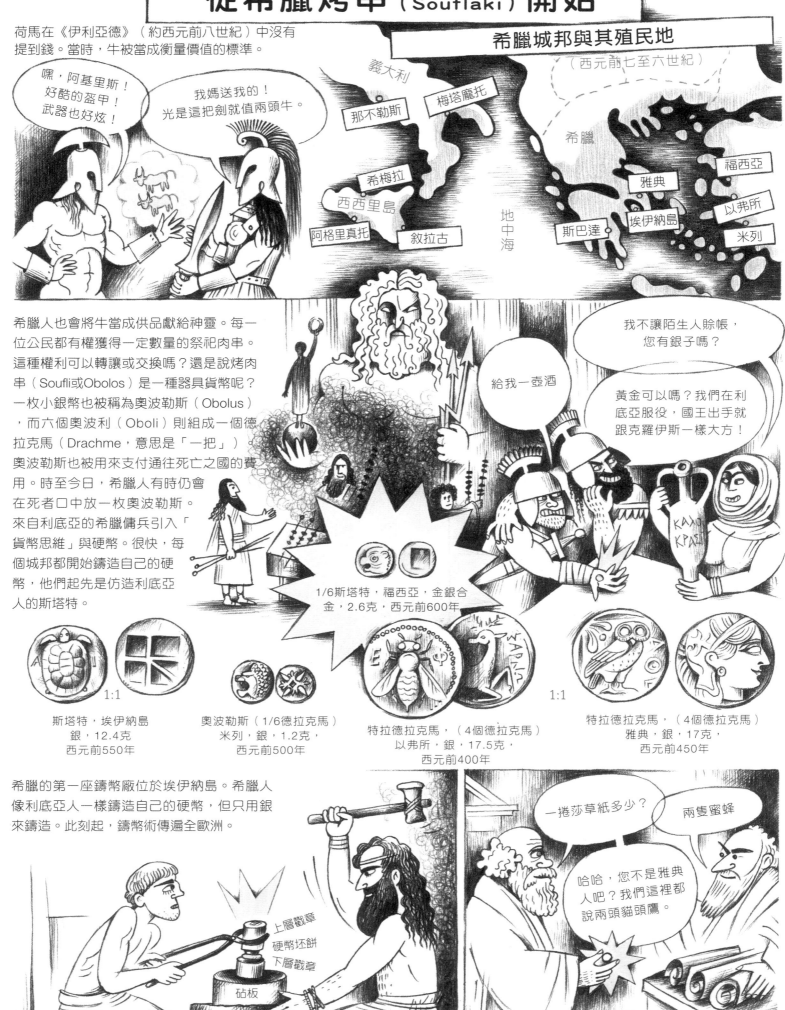

希臘城邦與其殖民地
（西元前七至六世紀）

斯塔特，埃伊納島
銀，12.4克
西元前550年

奧波勒斯（1/6德拉克馬）
米列，銀，1.2克，
西元前500年

1/6斯塔特，福西亞，金銀合金，2.6克，西元前600年

特拉德拉克馬，（4個德拉克馬）
以弗所，銀，17.5克，
西元前400年

特拉德拉克馬，（4個德拉克馬）
雅典，銀，17克
西元前450年

上層戳章
硬幣坯餅
下層戳章
砧板

## 斯巴達：鋼鐵人的鋼鐵錢

斯巴達是個有軍事組織的社會，他們將自己與其他城邦區明顯區隔開來。斯巴達人的生活以軍事行動與演習為主。他們住在軍營裡，一起吃飯、努力訓練，並強迫無數奴隸與身不由己的農民提供軍隊食物與生活所需。

斯巴達的巨大鐵幣佩里諾爾（Pelanore）據說是由易碎的鑄鐵製成，甚至無法作為未加工金屬來使用。鐵幣的價值是由國家命定的。

斯巴達無法完全自我孤立，因此波斯的答瑞克與希臘的德拉克馬也開始流通。直到西元前三百年左右，斯巴達國王阿萊烏斯一世才開始鑄造自己的銀幣。

奧波勒斯，斯巴達銀，1克，西元前300年

## 來自殖民地的貨幣

希臘人在整個地中海與黑海地區建立殖民地。在他們與原住民的貿易過程中，新的貨幣形式因而出現。例如，斯基泰人（黑海草原上的遊牧民族）以箭頭作為交換媒介。

箭頭幣，斯基泰，青銅，西元前六至五世紀

魚幣，奧爾比亞，青銅，西元前五至四世紀

海豚幣，奧爾比亞，青銅，西元前五至四世紀

在西西里島，希臘人使用義大利的重量單位磅（litra，等於12昂奇爾（Onkiai）

硬幣的價值史上首次被標在硬幣上！

特里亞斯（1/3磅，4昂奇爾）阿格里真托，青銅，12.3克，西元前450年

特拉斯（1/4磅，3昂奇爾）希梅拉，青銅，10.5克西元前430年

赫米列特隆（1/2磅，6昂奇爾）希梅拉，青銅，4克西元前410年

# 青銅與磅秤

義大利半島上住了許多不同的民族，伊特拉斯坎人（Etrusker）、拉丁人（Latiner）、皮賽恩人（Picener）、薩賓人（Sabiner）以及其他民族。西元前七百五十三年，拉丁人建立羅馬城。西元前五百年，羅馬共和國誕生。這個共和國的地位與日俱增、權力也逐漸累積，周邊的民族逐一被征服，共和國的領地越來越廣闊，羅馬帝國就此誕生！

在西元前八至四世紀，義大利民族以生銅與青銅（Aes Rude）作為交易財貨。西元前六世紀起，鑄塊出現更多不同的型態，上頭也以各種圖樣點綴。

日耳曼人

凱爾特人

羅馬共和國

伊比利半島民族

羅馬

羅馬共和國
西元前
210年

羅馬帝國，西元117年左右

## 鑄形金屬

## 刻紋金屬

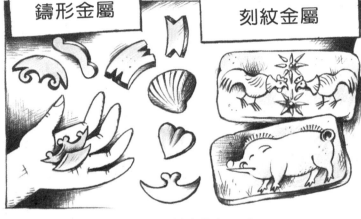

羅馬公民！進行貿易時，請謹遵「per aes et per libram」原則，就是以青銅和磅秤為依據！所有東西都必須準確秤量！

西元前四百五十年左右，羅馬人開始藉由法律來約束個人生活，當中包含懲罰與稅收。

西元前兩百八十九年，民眾鑄出帶有各種面額的首批圓形銅幣（Aes Grave）

阿斯，西元前230年，235克 1:2

杜彭蒂斯（2阿斯），西元前230年，600克

克朗德斯（1/4阿斯）西元前230年 46克

賽圖斯（1/2阿斯），西元前230年，140克

我們幹嘛隨身攜帶這些沈甸甸的銅塊呢？難道不能學希臘人鑄造正常的銀幣嗎？

鑄幣部以及鑄幣工坊位於朱諾莫內塔女神（警告者）的神殿中。之所以有警告者這個別名，是因為神殿裡的鵝群曾在西元前三百九十年警告羅馬人，讓羅馬人知道凱爾特人即將進攻。隨後，每一枚硬幣都被稱為莫內塔（moneta），而此術語也在許多語言中用來指稱金錢或硬幣。

西元前兩百一十一年，羅馬人從西西里島的希臘城市掠奪大量白銀，量多到他們足以發行自己的銀幣！他們就此推行戴納（Denar）這種銀幣，硬幣上有數字作為價值標誌。

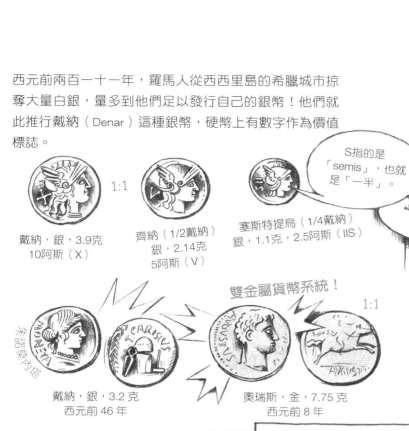

戴納，銀，3.9克
10阿斯（X）

齊納（1/2戴納）
銀，2.14克
5阿斯（V）

塞斯特提烏（1/4戴納）
銀，1.1克，2.5阿斯（IIS）

S指的是「semis」，也就是「一半」。

如果凱薩能在硬幣上鑄造自己的肖像，我們為何不能？

親愛的，我在硬幣上看起來美嗎？

雙金屬貨幣系統！

1:1

戴納，銀，3.2克
西元前 46 年

奧瑞斯，金，7.75 克
西元前 8 年

在整個羅馬帝國，以及軍團成員和境外商人的行囊中，銀製戴納是最常見的支付媒介，基本上在數個世紀內都是標準貨幣。在跨入西元不久前，於奧古斯都時期（西元前三十一至西元十四年）出現了一枚金幣（Aureus），因此在當時常見的羅馬貨幣中有兩種貴金屬。

# 凱爾特貨幣

凱爾特人（在歐洲有一百五十多個部落）具有嫻熟的金屬加工技術，有時會與希臘人和羅馬人進行貿易，有時則與他們交戰。凱爾特人沒有自己的國家，且被羅馬人視為野蠻人。

什麼？野蠻人？！我們發明出肥皂欸！這些羅馬人根本沒有好好洗過澡！

我們差一點就要征服羅馬的，要不是那些呆頭鵝在那邊叫……

大家都知道凱爾特人是驍勇善戰的戰士，因此常被希臘人、布匿人和羅馬人聘為傭兵。凱爾特人的僱傭兵將硬幣帶回故鄉。

凱爾特人進入硬幣時代前使用的貨幣

美吧？比那些臭羅馬人的硬幣漂亮多了！

1:1

特拉德拉克馬，多瑙凱爾特（Donau-Kelten）
銀，16.7克，西元前 100 年

西元前三世紀，凱爾特人已開始鑄造自己的硬幣，其中大多是以希臘硬幣為範本。西元前一世紀起，他們開始在硬幣上鑄造屬於自己的圖樣，例如三叉戟、神奇塞努諾斯（Cernunnos）等。

斯塔特「彩虹碗」
（Regenbogenschüsselchen）
黑森（Hessen）
金，7.2 克，西元前一世紀

1:1

齊納（1/2戴納），「跳舞的小人」
（Tanzendes Männlein），黑森，
銀，1.6 克，西元前 60 年

呃……

特拉德拉克馬，薩索斯（Thasos）
銀，16.5 克，西元前 150 年

塞努諾斯
凱爾特的自然之神

西元前五十七至五十三年，高盧（Gallien）與其他凱爾特人的領土被羅馬人佔領。西元前十五年，奧古斯都皇帝推行硬幣改革後，凱爾特人的錢也全被羅馬帝國接管。

# 好錢、良幣

十五世紀，文藝復興這個全新的文化時代以及「發現的年代」正式展開。一四九二年，哥倫布（1451-1506）「發現」美洲。歐洲人在新發現的大陸上迅速擴張，一下子獲得了不可限量的資源（土壤、原物料、貴金屬、勞動力），而他們對原住民的驅逐、剝削與奴隸也改變了世界。

由於多了新的海上航線，整個歐洲陷入糖與香料的狂熱中。歐洲人準備好跋涉數千公里、支付鉅額費用來換取胡椒與糖。他們也毫不收斂地折磨、殺害美洲與非洲原住民。一五一二年，第一批奴隸從非洲被帶到南美，在甘蔗種植園勞動。

天文學　人文主義

航海探險

新的船型

科學、科技與藝術的發展

改革

紙本印刷

蘭姆酒、菸草、毛皮、棉花

1　14

糖、銀、金

北美洲

銀

南美洲

奴隸

金、銀
瓷器
黃金　絲綢

中國

印度

象牙、黃金

非洲

胡椒、香料

1492年哥倫布的發現之旅
1519-1522，麥哲倫環遊世界航行
1577-1580年弗朗西斯·德雷克（Francis Drake）的著名航程（The Famous Voyage）

1:1
提斯頓（達克特）
費拉拉（Ferrara，義大利）
金，3.47克，1471

為了要進行世界貿易、購得各種異國奢侈品，市場對「良幣」的需求也越來越大。採礦業、冶金業和硬幣鑄造急速發展。知名藝術家爭相設計出品質頂尖的精美硬幣，也製作出精密細緻的模具、不斷改良硬幣鑄造術。帶有統治者肖像的新型硬幣便應運而生。

硬幣必須是完美的圓形，而且在重量與尺寸上不能出現差異！我設計的落槌大幅提高硬幣鑄造的品質！

只有用我的螺絲式旋轉鑄幣器才辦得到！而且毛坯應該已經鑄好，上面已經有圖樣了。

達文西
世界藝術家與學者
1452 - 1519

本韋努托·切利尼
雕刻家與金匠
1500 - 1571

歐洲缺黃金，但阿爾卑斯山、厄爾士山脈和哈茨山蘊藏豐富的銀礦。西格蒙德公爵（Siegmund von Tirol，1427-1496）提議用銀取代金來製作金幣：一種大型的流通硬幣，也就是古登羅申（Guldengroschen）。來自採礦鎮亞希莫夫（Sankt Joachimsthal，捷克的Jáchymov）的古登羅申，被稱為約阿希姆斯塔勒（Joachimstaler）或簡稱塔勒，這種硬幣特別受歡迎，流傳也最廣泛。在約莫四百年間，這種硬幣在世界貿易中佔主導地位。

## 塔勒、達勒、元

鑄造小硬幣太麻煩，這種塔勒的鑄造過程簡單、迅速又便宜。更棒的是，面額與金屬成本之間的差額都歸給身為地主的我！

約阿希姆斯塔勒
史蒂芬·施利克
（Graf Stefan von Schlick）
銀，931‰，29.2克，1519
1:1

市場對塔勒的需求很大。許多國家開始鑄造屬於自己的塔勒，像是：Daalder、Daler、Dólar、Dollar、Patagon、Escudo、Écu、Crown、Krone、Rubel、Testern等。

獅子塔勒
（Leeuwendaalder）
荷蘭
銀，750‰，27.7克
1576年

埃居（3里弗爾），法國
銀，917‰，27.4克，1643年

1:1

王冠硬幣（5先令），英國
銀，925‰，27.9克，1662年

由於缺乏銀，俄羅斯人使用上頭蓋有戳章的塔勒硬幣，並將之稱為葉菲莫克（Jefimki，小約阿希莫斯）。直到一七〇四年，俄羅斯才發行第一枚盧布銀幣。

沙皇戳章，1655

葉菲莫克，俄羅斯：
帝國塔勒，薩克森（Sachsen），銀，889‰，28.9克
1632年＋戳章

黑森卡塞爾的弗里德里希二世（Landgraf Friedrich II. von Hessen-Kassel，1720–1785），將同胞賣到美國當士兵，他們不得不在美國獨立戰爭（1775-1783）中替英國賣命。招募費以及戰亡者的補償金是以黑森州塔勒（所謂的星星塔勒（Sterntaler））來支付。美國人精闢地將這些硬幣稱為「血幣」。「星星塔勒」這則格林童話來自黑森州，據說故事內容就是來自這些歷史事件。

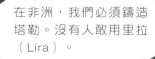

星星塔勒，黑森卡塞爾，銀，736‰，23.8克，1778年

瑪麗亞·特蕾西亞塔勒（Maria-Theresien-Taler）在一八五八年前一直是奧地利的法定貨幣，而在二十世紀前，這也一直是亞洲與非洲的通用貿易硬幣。

在非洲，我們必須鑄造塔勒。沒有人敢用里拉（Lira）。

我們的新貨幣得要像「胖女士硬幣」那樣穩定。我就叫這種硬幣比爾（Birr），這在安哈拉語中指銀子。

在我們國家，我們只收上面印有豐腴女性圖樣的銀幣。

25皮阿斯特，阿曼蘇丹國
約1900年：
瑪麗亞·特蕾西亞塔勒
銀，833‰，28克
1780年＝＋戳章

塔勒羅（5里拉）
義大利屬厄利垂亞
（Italienisch-Eritrea）
銀，800‰，28.1克，1891年

1:1

比爾，衣索比亞
銀，835‰，28.1克
1894年

# 壞錢，劣幣

為了在面值不變的情況下讓自己致富，希臘城邦與羅馬皇帝開始減少硬幣的重量或純度。比方說，羅馬硬幣中的銅合金量越來越高。

94 %　50 %　25 %　4 %

西元前1年　西元前215年　西元前250年　西元前262年

在加里恩努斯皇帝統治下，當時的安東尼安（Antoninian）完全由青銅製成。

安東尼安，
青銅，3.5克，267年

士兵們！今天我幫大家加一倍薪！

在世上所有國家，君主與國家當局貪婪、腐敗、濫用臣民的信任，逐漸減少硬幣中金屬的實際含量。
（亞當·斯密，經濟學家）

在其恐怖統治期間，卡拉卡拉皇帝（西元188-217年）非常仰賴士兵的支持。為了金援軍隊與戰爭，他創造一種新的銀幣：比卡拉特斯（Bicharactus，安東尼安的古名）。這種硬幣本該值2戴納，但重量只有1.5戴納。

皇帝萬歲！勝利的王者！

## 辛德林（1457－1460）

哈布斯堡（Habsburg）兩兄弟，阿爾布雷希特六世（1418－1463，奧地利大公），以及弗雷德里希三世（1415－1493，神聖羅馬帝國皇帝），因為無法針對繼承權達成共識，因而引發紛爭與戰爭，還導致貨幣短缺。兩者都鑄造劣質硬幣（辛德林），導致嚴重的通膨與經濟崩潰。

超多劣幣被鑄造出來。不管今天一個古爾登等於多少，明天大家就會在上面多加三十芬尼。

1古爾登

奧地利是我一個人的！

不對！是我的！我年紀比你大！

1:1

弗雷德里希三世的芬尼
銀銅合金，0.46克
約1460年

300　1458
960 Pf.　1459
3686 芬尼　1460

## 老銅鼻

跟法國還有蘇格蘭打仗好傷財，怎樣才能多弄點錢來？！

無中生有啊，陛下！我們可以用相同份量的白銀來製造更多錢。加一點銅，再一點鉛⋯⋯而且不是做50先令，是100先令⋯⋯

1:1

頭像硬幣（先令），銀銅合金，7.7克，1545年

這枚硬幣裡面只有四分之一是銀！國王的鼻子閃著銅光！

我們的錢一文不值！外國商人根本不想要！老銅鼻要把這個國家毀了！

亨利八世，英格蘭國王
1491－1547 年

湯瑪斯·沃爾西
紅衣主教、大法官
1475－1530 年

## 挑揀與晃秤

在三十年戰爭期間（1618–1648），挑揀與壓秤者會替鑄造場主搜集白銀。在秤量硬幣時，他們會用晃秤的技巧將純度高的硬幣挑揀出來。為了籌措戰爭所需資金，許多統治者讓劣幣流入市面。他們減少銀的含量，或用煮白的銅打造「銀幣」。為了隱瞞這種硬幣的來源，他們有時會在上頭蓋上異國或自己發明的戳章。或是用箴言取代銘文。在一六二〇到一六二二這短短兩年的劣幣危機期間，物價翻漲為五倍。

你看邪惡的基督，連祂也把良幣帶進墓裡。

12克羅采
布倫瑞克-沃爾芬比特爾親王國（Braunschweig-Wolfenbüttel）帶有霍恩斯泰恩（Hohnstein）縣的紋章（1593年起不復存在）
銀銅合金，2克，1620年

邪惡的挑揀與壓秤指導者

## 紅色嘆息

薩克森選帝侯弗里德里希‧奧古斯特一世（Friedrich August I.，1670–1733），需要籌措資金來與瑞典作戰。他靠著發行含銀量低的硬幣，賺取236000塔勒的淨利潤，省下近七噸的純銀！在市場上，這些硬幣的價值被降到只剩三分之一。

什麼？我什麼都不知道。肯定是大總理幹的！

千萬別這麼說……要是……要是沒有特殊命令，我什麼也不會做。我還記得，是國王陛下親自下令鑄造這批有疑慮的貨幣。

噢，親愛的，這種「銀」是紅銅色的……。

紅色嘆息，6便士
薩克森
銅，1.4克
1702年

## 以法連劣幣

為了金援七年戰爭（1756–1763），普魯士國王腓特烈二世（Friedrich II.，1712–1786）將萊比錫鑄幣廠租給商人維特爾‧以法連（Veitel Ephraim）以及丹尼爾‧伊齊格（Daniel Itzig）。在國王的命令下，他們鑄造印有錯誤發行年份的劣質薩克森與波蘭硬幣，並將這些俗稱以法連幣的硬幣流入市面。大量假幣引發極大動盪。

## 格蘭辛法則

如果政府當局在法律上貶損某種貨幣相對於另一種貨幣的價值，那被貶值的貨幣就會因為囤積而離開該國或停止流通。價值被高估的硬幣會成為主導流通貨幣。簡單來說，這就是「劣幣驅逐良幣」。

「法則」？我們才沒這麼蠢。

我們只是想把良幣留在身邊！

托馬斯‧格蘭辛
英國國王的財務顧問
1519 - 1579年

伊本‧泰米葉
世界學者
1263 - 1328 年

新井白石
經濟學家
1657 - 1725 年

## 俄羅斯戰爭達勒

一切都很順利！現在我即將征服俄羅斯！

陛下，俄羅斯是大國。我們沒有錢來支付彈藥與士兵的費用，甚至連銅都快用完了。

**卡爾十二世**
瑞典國王
1682－1718 年

**格奧爾格·海因里希·馮·戈茨**
國王的全權代理人
1668－1719 年

豪無節制發行無價值硬幣，已經把瑞典經濟給毀了。

我不想聽！想點辦法！

好吧，還是我們宣布將銅當成銀？單純為了戰爭的這幾年？人民很愛護您，陛下，您說什麼他們都會順從的，不是嗎？

在一七一五至一七一九年，應急用的達勒被鑄造出來，而政府聲稱的硬幣價值比實際材料價值高一百倍。這種硬幣有十種類別，上頭都綴有預言人物與政宣口號。

矯捷敏銳　　　　　1:1　　智慧與武器

1達勒，銀幣，銅製，3.6克，1717年

馮·戈茨被當成替罪羔羊被處決，應急達勒被廢除。

## 俄羅斯板塊硬幣

我們終於在與瑞典的第十五場戰爭中獲勝，並取得精良的戰利品。不過，瑞典人的錢真是笑死人！

不過要是沒有銀子，用銅來代替其實也是個方法！我們俄羅斯人也該採用這個妙招。這場戰爭實在太燒錢了！

1:1

1戈比
銅，16克，1726年

一七二五至一七二七年，俄國人也鑄造屬於自己的板塊硬幣，但很快又將其廢除熔化，因為沒有人想要這些硬幣。

1盧布，銅，1.6公斤
18x18公分，1725年

## 自由之夢的銅幣

**何塞·瑪麗亞·莫雷洛斯**
牧師、總司令、政府首腦
1765－1815 年

同志們，我們很快就會將西班牙人趕走，能自己統治自己的國家。然後你們可以將這些硬幣兌換成純銀。現在先把這些銅幣收下吧，幫忙金援我們的士兵。這都是為了你們的自由！

在墨西哥獨立戰爭期間，一八一一至一八一五年的替代政府發行「價值相當於銀」的粗糙銅幣，以資助軍隊作戰。然而，政府承諾的革命宣告失敗，領導人莫雷洛斯在一次起義中被槍殺。

2 雷亞爾，銅，8.7克，1812年

1:1

自人類開始書寫以來，發票、送貨單以及支票就一直存在於歷史中。中國商人很早就開始利用這些紙本票券，畢竟政府聲稱的硬幣價值根本就不符合金屬本身的實際價值。不過，對皇帝的「信任」或恐懼，還是讓交易順利進行。

大約在一〇二四年，朝廷的行政事務處發行可說是最古老、帶有各種面額的正規紙幣（交子）。這種「會飛的貨幣」，是印在桑樹皮纖維製成的紙上。一張一千元的紙幣取代了二十五公斤的硬幣！造假者會被判死刑。

# 飛翔的貨幣

這些紙幣必須在整個帝國流通。任何從中作梗者都會被罰。

你不用再扛著一串沈重的硬幣到處跑，太讚了！而且皇帝也會保證這些紙鈔的價值。

淨是些沒價值的東西。銅、鐵、紙，明天會是什麼？鴿子大便？

外國商人必須將他們的金銀兌換成「飛行貨幣」。

怎麼可能！？用奇怪的紙片換純金？這個國家瘋了，太扯……

馬可波羅將自己在一二九九年造訪中國的經歷寫下來，並且被翻譯成許多歐洲語言，使紙幣在歐洲流行起來。

馬可波羅，商人
1254 - 1324 年

## 大不里士的短暫派對

派對繼續進行！朋友們，你們需要錢嗎？珠寶？酒？想拿多少就拿多少！

伊兒汗君主海合都（？-1295），在蒙古帝國西部（波斯、安納托力亞）代表大汗忽必烈（成吉思汗之孫）。

1291

噢不……國庫！

1294

騷亂起義　空蕩蕩的國庫

瘟疫

先生有聽過鈔嗎？這種蓋有大汗印章的紙在中國取代了硬幣。

嗯……太方便了！快點，印越多越好。所有貿易現在都只能用鈔來進行！不然就把頭給砍了！

波斯人不信任紙鈔，紙鈔很快就變得一文不值。物價上漲十倍，貿易崩盤、動亂四起。最後，海合都被陰謀論者殺害。

朋友？！拜都表弟？！不！不！不要啊！

# 新世界，新貨幣

葡萄牙、西班牙、英國與荷蘭等國，都為了爭奪新世界的殖民地而陷入激戰。在中美洲與南美洲，西班牙人把他們能找到的金與銀掠奪一空。他們搶奪瑪雅人、印加人與阿茲特克人的城市，強迫他們在礦區勞動。在兩個多世紀的時間內，他們將貴金屬一噸又一噸地運往歐洲，光是白銀就超過四萬五千噸！

北美

新西班牙總督轄區

墨西哥城
1521

猶加敦

佛羅里達

巴哈馬

古巴

牙買加

聖多明各總督府
1496

十三個殖民地

麻薩諸塞灣殖民地
1620

費城
1682

詹姆斯鎮

維吉尼亞殖民地
1607

百慕達
1609

南美洲

玻利維亞波托西的里科山

吃人的山

更多白銀，越多越好！不准停！

越來越多歐洲定居者在殖民地住下來、建造城市和堡壘。民眾在日常生活中需要小額零錢時，第一批鑄幣廠就成立了：一五一六年在聖多明各，一五三五年在墨西哥城。

西半球的第一枚硬幣！

4馬拉維迪斯
聖多明各
銅，2.86克
1516 年
1:1

## 鑄打硬幣

也就是「船幣」或圓塊（從鑄塊上削下來的毛坯，再用錢幣模具敲打）。在十六至十八世紀，南美洲的礦場以噸為單位生產這種硬幣，並將其運往歐洲，到歐洲後再鑄造成普通硬幣。大量白銀透過海運被送往中國。因為含銀量高，鑄打硬幣還被當成支付與價值儲存媒介，在俄羅斯也能看見這種硬幣的蹤影。

## 西班牙元

十六至十八世紀，8雷亞爾的大型銀幣（又名為西班牙元、柱形元、Columnario、Piaster、Dólar Español、Peso Duro、八里亞爾披索等）變得非常流行。這種硬幣傳遍世界各地，其中包含北美洲。由於缺乏小額零錢，大型硬幣往往被切成不同大小的「比薩切塊」，以便在其他殖民地流通。

西班牙人的貪婪永無止境。即使安地斯山脈的所有白雪都變成金子，他們也不會滿足！

半元
四分之一元
小塊
1:1

8里亞爾，墨西哥，銀，27克
1771年

一六〇七年，英國人在北美成立第一個定居地詹姆斯鎮，那裡無金也無銀，土壤也不適合農耕。唯一蓬勃發展的產業為菸草，還成為熱銷的出口品。當時菸草在歐洲相當昂貴，也受到民眾追捧，因為菸草據說有療效。一六一九年，維吉尼亞州的殖民者從非洲買來第一批黑奴，總共有二十人。奴隸勞動讓菸草種植園得以持續擴張。到一八六五年廢除奴隸制度前，約有兩千萬名非洲人被賣到美國。美國繁榮的基礎其實是建立在奴隸的勞動力，以及從原住民那邊搶來的土地之上。

殖民地與故鄉的連結相當鬆散，殖民者缺少許多物品，其中也包含現金。但他們不得鑄造自己的硬幣，所以都用西班牙元支付，或是將海狸皮、貝殼串珠與菸草當成貨幣。

## 百慕達小豬

一六〇九年，海洋冒險號在百慕達群島附近的岩石上擱淺。全體一百五十名殖民者與一條狗成功棄船逃生，在其中一座島上生存下來，以島上的野豬為食。一六一五年，這座小殖民地上的民眾開始鑄幣：英屬北美的第一批貨幣。

1:1

先令（12便士）
百慕達，銅錫，4.4克
1615年

## 新英格蘭

雖有禁令阻擋，「新英格蘭人」還是決定在一六五二年開始鑄造自己的硬幣。一開始他們用簡單的銀坯來鑄造，並在硬幣上蓋「NE」（新英格蘭）戳章。後來又出現牧場、橡樹與松樹圖案的硬幣。

先令（12便士）
麻薩諸塞州
銀，4.6克，1652年

> 國王已經不在了，一六四九年被斬首了。沒有國王，貨幣市場就不會被皇家硬幣壟斷，對吧？

## 大陸幣

麻薩諸塞州率先在一六九〇年發行紙幣，其他殖民地緊追在後：南卡羅來納州於一七〇三年、紐約州於一七〇九年。為了金援反抗英國的獨立戰爭，十三個殖民地的議會發行自己的紙幣（大陸幣），記帳單位為西班牙壓邊銀圓。

> 看看這些細緻的葉脈圖案！我們應該在紙幣上印這種圖案，這樣就能防偽！

> 好聰明！每片葉子都是獨一無二的。沒有人有能力仿造這種圖樣！我們最好製作不同葉片的鑄模。

位於費城的富蘭克林與霍爾印刷廠印製出殖民地的紙幣，並在一七七五與一七七九年間替自立門戶的殖民地印製「大陸幣」，此幣具有獨特的防偽功能。

班傑明・富蘭克林
出版人、科學家、政治家、美國開國元勳
1706 - 1790 年

一七七六年，掙脫束縛的殖民地自行宣布成為美利堅合眾國。一七八五年，美元正式確立為美國使用的貨幣。一七九二年，美國頒布一條規範硬幣的法律，但直到一八五七年才正式停用西班牙元。

1:1

我掙脫

管好你自己的事

Fugio美分，銅，10.2克
1787年。
美國第一枚授權硬幣。

# 搶劫、詐欺、偽造

自從有了財產與金錢，貪婪與犯罪也就隨之而生。搶劫、竊盜、盜版、銀行搶案、偽造貨幣……。就連在捲尾猴搞懂付款方式後，也開始欺騙研究人員：它們想混水摸魚地用小黃瓜來取代硬幣，不把硬幣給研究人員。

現代紙幣無法再用熨斗來複製偽造了，因為上頭有許多精心設計的防偽功能：（1）立體浮雕；（2）浮水印；（3）圓圈星座防偽技術；（4）祖母綠編號；（5）安全線；（6）縮微文本；（7）衛星全像；（8）肖像等等。儘管如此，歐洲在二〇一九年還是出現五十多萬張假歐元紙鈔！

快把錢交出來！不要拖拖拉拉！

KASSE

## 羅德島 1716 年

我不小心用熨斗燙了一張紙鈔。噢不，顏色染上去了！

瑪麗·巴特沃斯，1686－1775 年

如果沒有小偷，現在的鎖難道會這麼精密難解嗎？要是沒有偽造者，紙幣的印刷會像目前這麼精良嗎？〔卡爾·馬克思〕

將印記從布轉印到紙上……

再用墨水筆描清楚一點

噢，瑪麗！這張紙看起來就像真的！如果我們多做幾張，很快就能發大財！

你看！

巴特沃斯夫婦被控將假鈔投入市面流通，但因證據不足而無罪釋放！

巴特沃斯家怎麼突然有這麼多錢買這麼大的房子？

而且羅德島的假鈔最近也突然變多……

我們搜完房子之後沒有找到任何東西。沒有印刷板，什麼也沒有……

今天，對「數位銀行搶匪」來說，只要點幾下，一百萬歐元就會出現在某個地方。

# 債務、利息、銀行

營運管理能帶動成長。如果一個人借到種子之類的東西，他通常要拿更多出來還。比方說，借十袋大麥要還十一袋。債務、信貸（借來的財貨）和利息（信貸成本），在古美索不達米亞已是為人熟知的觀念。付款方式為實物或勞動，最慘的狀況則是奴隸。

你借給你弟兄的，
或是錢財或是糧食，
無論什麼可生利的物，
都不可取利。（申命記5）

猶太教、基督教與伊斯蘭教針對利息的禁令，都不斷遭到規避或徹底漠視。

商業革命與活躍的貿易讓硬幣變得越來越重要，許多外國硬幣（良幣與劣幣）都在流通。貨幣兌換商會比較並交換硬幣，以利息形式借出錢財或保管商人的錢財。很快，每個市場都出現交易台（義大利文：Banco）。銀行這種國際經營的公司就是在此基礎上發展成形的。義大利是歐洲銀行產業的搖籃。

## 活期存款

比起拖著一袋袋的金銀來回走動，將金額從一本帳簿轉到另一本帳簿，這種方法更輕鬆、安全、節省成本！

一六〇九年，阿姆斯特丹市議會成立一家銀行，並推出清算貨幣銀行古爾登（10.15克純銀）。這筆帳款只存在於銀行帳簿中。存入的硬幣總額會被記入一個銀行盾的存款帳戶。存戶可將帳簿中的錢轉到另一個帳戶（無現金支付！），並將其兌換成任何貨幣。很快，歐洲各地就出現這樣的銀行。

## 英格蘭銀行

一六九四年，英國幾乎破產，但國王迫切需要資金來金援對法國的戰爭。英國商人以百分之八的年息借給攝政王一百二十萬英鎊。在此保證下，銀行就此成立，並按照瑞典模式發行紙幣。今天，這家在一九四六年國有化的銀行是英國的中央銀行。

嗯……在銀行裡不一定要真的有一堆銀子才能在帳簿上寫上相應的條目……

國王欠我們很多錢！他的承諾就是我們的資本。你不相信國王嗎？

銀行系統

十九世紀開始，國家開始能掌控銀行業，也擁有發行紙幣的壟斷權。不同國家的銀行系統組織方式不同，但各國都有一個中央或國家銀行，也就是「銀行的銀行」，它決定國家的貨幣政策並掌控銀行的業務。

日本銀行

1882
1998
1860
1990
1983

塞席爾銀行

1925

1961

牙買加銀行

1913
1935

中國銀行（台灣）

1924
1961

中央銀行

政策利率
銀行業監管

匯率政策
貨幣政策

金融市場監管

確保價格穩定

貨幣與黃金儲備

貸款

發放紙幣與硬幣

商業銀行

簽帳金融卡
信用卡

活期存款
無現金支付交易
貸款

存款

證券交易

商業銀行

現金

貨幣擴張

活期存款是透過借貸或例如購買證券而產生

今天，銀行在經濟中發揮核心作用。銀行交易受到國家安全監管

1000 €

存款

儲備金 100 € (10 %)

貸款 900 €

儲備金 90 € (10 %)

貸款

810 €

利息 45 € (5 %)

存款

利息 40,50 € (5 %)

1000€ + 900€ + 810€ = 2710€：就這樣，借貸無中生有創造出新的活期存款。

商人總會聯合起來替旅程集資，確保旅途安穩順遂。例如，德國漢薩同盟（十二至十七世紀）就是很強大的商會。在許多英國港口城市都能看到所謂的「商人冒險家」協會，他們的目的是開闢新的海上航線與市場。

# 證券公司

在中世紀後期，義大利商人聯合起來擬定一種艾克門達合約。根據此合約，投資者將自己的資金或貨物交給某人託管代售。作為回報，投資者可拿取一部份的銷貨利潤。

兄弟，再見！祝你們一帆風順！

幾乎在所有地區，除了硬幣鑄造，開採礦產資源也被皇室壟斷。在德國土地上，持有有效探礦許可證的人，得以自行尋找礦產資源。如果他發現礦藏，就能自己開採挖礦。但是要獨自籌措所需資金是幾乎不可能的，所以他會出售該礦的股份（證券）：庫克斯（KUX）。一份庫克斯並不值特定金額：利潤和損失在股東之間分配。土地擁有者能拿到耕地庫克斯作為補償，而他們通常還會將免費的庫克斯（不需支付礦場營運補貼金）捐給當地村莊的貧困救濟基金。

## 活期存款

早在十六世紀，煤礦與礦石礦場就成為股份制企業的源頭。

## 莫斯科公司

一五五一年，兩百四十名倫敦商人決定開拓通往中國與印度的新貿易路線。為金援這次計畫，他們發行每股二十五英鎊的股票，總共籌措六千英鎊。他們派三艘船繞道穿越北極海，但只有一艘抵達俄羅斯的阿爾漢格爾斯克。

## 荷蘭東印度公司

一六○二年，荷蘭東印度公司（VOC）在荷蘭成立。這是一家全新的企業：不屬於任何家庭或單一個人，而是所有投資者共有的股份制公司。荷蘭東印度公司成為當時最大的私有企業，擁有自己的硬幣、軍隊以及戰爭與商業艦隊（一千七百七十二艘！）。為了獲取利潤，該公司也不避諱採取掠奪與海盜等行為。

比我們想像中更危險。雖然沒有碰到敵人，但我們也沒有到達印度。所以我們就跟俄羅斯人做生意！

1:1

1/2 杜伊特
荷蘭東印度公司
銀，1.55克，1756年

要派船到亞洲去，需要很多資金來籌措裝備與物資！我們先來籌錢，之後再將獲利依照籌款額度來分配。

我只有五十古爾登，可以加入嗎？

絲綢？胡椒？香料？全給我拿來！

現在是怎樣？！

# 市場與證券交易

市場、年會與博覽會是重要的貿易樞紐。商人會在這些場合販賣蔬菜、小麥、糖、棉花、鐵與銅，而貨物非得要在現場。這就是商品交易所的起源。

> 你不必拖著所有麻袋到市場上去，每個人都知道大麥長什麼樣子。

## 波爾澤之家

商人凡·德·波爾澤在布魯日經營兩家商務旅館。在此，來自歐洲各地的商人彼此會面、交換訊息、簽約、進行匯票交易。這些集會在十四世紀進程中演變為一座永久的機構。一五三一年，波爾澤遷往安特衛普，一六一二年搬到阿姆斯特丹：這就是世上第一所交易所。

> 三千古爾登……

> 來自香料群島的船一週內就會到……

## 堂島米交易所

在日本，米一直是民眾的主食，每人平均每年消耗的米量為一石（180公升，約150公斤），幾世紀以來都被當成財產單位。稻米被存放在大約五十公斤的草包裡進行交易。大規模的米市場在大城市興起。民眾確實會在大城市中買賣米，後來，他們開始交易未來的預期收成，以便替即將到來的收成爭取好價格。這種期貨合約可被多次轉賣。

亞1石米等於一兩金

一七三○年，大阪的堂島米交易所是第一個期貨交易所。一千多名中盤商與批發商在當地會面。交易結束後，會所的員工會潑水將商人驅散。

> 今年，期貨合約明顯超過米的實際供應量，結果一定會很慘！

## 紐約證券交易所

北美殖民地的獨立戰爭耗掉大量資金。在年輕的美國，戰爭債券是證券市場的開端。一七九二年，紐約的二十四名經紀人達成協議，開始交易股票與債券。今天，華爾街證券交易所是世上最大的證券交易所。二○二○年，交易的公司的市值為兩百五十億美元。每天在那裡的交易額高達六十億美元。

> 股票上漲！現在就買！

> 馬上就要跌了。

目前在證券交易所被買賣的主要是股票、債券和證書以及其他證券。期貨通常會在專門的期貨交易所進行買賣。有些投機客會到交易所，在那裡「賭」看看價格是否會上漲還是下跌（牛市或熊市），其他人則會努力避免價格波動。價格突然下跌時就是所謂的「崩盤」（CRASH）。

崩盤

# 分析和預測

在股票市場，徹底預估錯誤的風險非常高。買家與賣家都希望能提升交易的確定性。因此，有「市場之神」之稱的日本米批發商本間宗久（1724–1803）發明了股票市場分析。

本間宗久開發一套描繪以及預測價格走勢的方法：K線圖，這種圖表依然沿用至今。

為了及時了解堂島米交易所的價格，本間宗久在大阪與家鄉酒田（約八百公里）之間設立一套訊息傳遞系統，能在幾小時內迅速傳遞訊息。

## 道瓊指數

記者查爾斯・道（Charles Dow，1851–1902）與統計學家愛德華・瓊斯（Edward Jones，1856–1920）出版第一份證券交易報紙（就是後來的《華爾街日報》），並在刊物中發表紐約證交所的報告與他們的建議。一八八四年，他們首度計算營業額最高之十一家公司的平均價格。此一股票指數顯示一個國家的經濟狀況。如今，道瓊指數是由美國最大的三十家公司組成。

## 達克與其他動物

DAX德國股票指數涵蓋德國前四十大股份有限公司，包含安聯、SAP與西門子等，是德國經濟狀況的指標。二〇〇六年起，DAX每秒都會重新計算，並持續在各種管道上發布更新。其他國家也有自己的指數，像是埃及的EGX 30、日本的日經225，以及塞爾維亞的BELEX 15等。

# 危機與泡沫

直到十六世紀，鬱金香才開始在歐洲廣為人知，也立刻吸引許多愛好者，荷蘭人尤其對鬱金香著迷，更準備好在鬱金香身上砸大錢。這股風潮引發活躍的期貨交易。就連還沒冒芽的鬱金香球莖也不斷被轉賣出售，中盤商（花商）從中獲利。

## 鬱金香狂熱

「永遠的奧古斯都」品種的鬱金香球莖的價格

10 000 f
1637

5500 f
1633

1200 f
1624

1000 f
1623

價格漲得太高，最後找不到賣家。銷售合約成為毫無價值的紙張，化為泡沫！

白痴的炫風式交易！

在市面上流通的認購權證已經比鬱金香球莖還多！

## 密西西比泡沫事件

新王才五歲，法國負債數十億，與西班牙的戰爭又迫在眉睫，怎麼辦！

菲利浦二世
奧爾良攝政王
1674 - 1723

殿下，這就跟玩牌一樣簡單。當然是要成立一家銀行然後印鈔票。如果每個人都信任這種貨幣，就絕對能帶來成長。

這樣行得通嗎？好！我任命你為銀行董事與財務總監！你也可以管理我們在美國密西西比州的殖民地。國家作為債務人一定能讓大家放心。就這麼辦！

約翰·羅
經濟學家、投機者、紙牌玩家
1671 - 1729

路易十五
法國國王
1710 - 1774

來自美國的礦產資源跟著侈品很快就會送到我們這來，快快快！來買股票！

印更多紙鈔，賣更多股票！

14 000
里弗爾

面對現實吧，密西西比州的沼澤裡根本什麼也沒有。我寧願在價格還可以的時候，把不值錢的紙賣掉換成真金。

恐慌開始蔓延，突然間沒有人想要密西西比的股票了。政府的措施，例如降低利率、禁止貴金屬等，全都無法挽回頹勢，化為泡沫！

們的股票越來越搶手，外國人替法國帶來鉅額財富。每個人都希望能從美國那邊獲利！

1000
里弗爾

## 啵！啵！啵！

資本主義的歷史伴隨著大大小小的危機

南海泡沫事件，南海公司崩盤，倫敦，1720年

美國經濟危機
1893年

股市崩盤，倫敦1825年

啵！

股市恐慌，1907年

股市崩盤，1847年

啵！

主張創造更多債務的現代理論使地球沾滿鮮血，人類的負擔不斷加重。（美國總統湯瑪斯·傑佛遜）

股市暴跌與大蕭條
1929年

啵！

世界金融危機，2007-2008年

.com
網際網路泡沫
2000年

啵！

股市崩盤，1987年

歐元危機，2010年

51

# 世界貨幣

（截至二○二一年）

A 代表 阿富汗尼

我們已經擊退英國人！我國是自由的！從現在起，我稱自己為「國王」，而我們的錢也需要一個新的名字。

「阿富汗尼」怎麼樣？聽起來很愛國。

阿富汗的阿富汗尼？太讚了！

阿曼諾拉汗，阿富汗國王
1892－1960 年

1:1

1阿富汗尼，銀，10克，1926年

1阿富汗尼，銀，10克，1926年

B 代表 巴爾柏

巴拿馬的貨幣是以西班牙征服者巴斯寇・努涅茲・德・巴爾柏（Vasco Núñez de Balboa，1475–1519）為名。美元在巴拿馬也是正式流通的貨幣。巴爾柏沒有紙幣，只有硬幣。在最小的硬幣上（1/100巴爾柏），有烏拉卡（Ubarragá Maniá Tigrí，又名Urracá，約1490–1531）的肖像。他是原住民恩加貝（Ngäbe）部族的首領，與西班牙人纏鬥數年，最終取得勝利。

好啊！我的頭被放到以死敵命名的錢幣上……

富汗巴爾柏，銀 26,73克，1970年

1/100巴爾柏，銅鋅 2.5克，2017年

世上有兩百多個國家與地區，而且幾乎都有屬於自己的貨幣。不過有些國家已經聯合起來形成貨幣聯盟：使用歐元的有十九個歐盟成員國與其他國家，例如安道爾、摩納哥、科索沃與蒙特內哥羅。在其他地區則有數種貨幣同時流通，例如在不丹有努爾特魯姆以及印度的盧比。在阿爾札克、安巴索尼亞以及聶斯特河沿岸等未被國際社會承認的國家，也有屬於他們自己的貨幣。因此，世界貨幣的確切數量取決於誰來計算以及如何計算。

有些貨幣名稱會同時存在於世界各地。「銀元家族」以貿易銀元（十六世紀）為基礎：美元、加拿大元、汶萊元、新加坡元等。前英國殖民地保留英鎊與先令，法國殖民地保留法郎，西班牙殖民地沿用披索。印度商人則讓盧比在許多印度洋國家變得更普及通用。

1阿富汗尼
銀，10克，1926年

加幣

歐元

百慕達元

墨西哥披索

古德

東加勒比海元

埃斯庫多

倫皮拉

科巴多

千里達及托巴哥元

格查爾

科朗

巴爾柏

哥倫比亞披索

玻利瓦

蘇利南元

€

蓋亞那元

索爾

黑奧

玻利維亞諾

瓜拉尼

阿根廷披索

烏拉圭披索

## 貨幣家族

- 英鎊／里拉（£）
- 先令
- 法郎／瑞士法郎
- 美元（$）
- 披索（$）
- 羅馬尼亞列伊（來自荷蘭獅子塔勒上的獅子）
- 克朗（來自硬幣上的王冠）
- 第納爾（來自羅馬的第納里烏斯）
- 里亞爾（西班牙文的「國王」，原為十四至十九世紀的西班牙貨幣）
- 盧比（根據印度舊銀幣而來）
- 元（來自中文的「元」，也就是圓的東西）

**K** 代表克朗：斯堪地納維亞國家形成一個貨幣聯盟：瑞典在一八七三年引入克朗時，丹麥、挪威和冰島也接受這種新貨幣。一九二四年聯盟解體後，國家貨幣依然保有克朗的名稱。

**R** 代表盧布：俄羅斯盧布（RUB，₽）是世上第一個十進制貨幣（1盧布等於100戈比）。「盧布」可能是來自俄羅斯文 рубить，意指「切」，指的就是被切碎的銀子。一七〇四年，羅斯發行第一批硬幣。

1盧布
鐵，3克，2016

盧布·俄羅斯·銀·28.5克·1704年

元：中國、日本與韓國的貨幣，每種讀音都對應到漢字的「元」。借用蒙古語的翻譯為 Tugrik。這個字也被用於台灣和香港的元以及澳門的澳門幣。

一九七八年，國際標準化組織正式推行貨幣代碼，將此代碼用於國際支付：AFN（阿富汗尼）、USD（美元，美國）、CAD（加拿大元）、GBP（英鎊），等等。其中還包含各種縮寫與其他貨幣符號（特殊字符），如€（歐元）、₺（土耳其里拉）、₹（印度盧比）等。

**C** 代表塞地

1塞地，迦納
銅鋅合金，11.9克
1979年

迦納獨立後的第一種貨幣稱為鎊，一九六五年塞地才正式通行。在阿坎語中，塞地指的是寶螺殼。

多數貨幣名稱單純代表「錢」、「銀」或「金」，但克瓦查（尚比亞與馬拉威的貨幣名）的意思是黎明。

Pound（鎊）？！為什麼我們獨立後還要使用這個英文字？在被殖民之前，我們本來就有自己的傳統！

最浪漫的貨幣名！

**Z** 代表茲羅提

波蘭的國家貨幣茲羅提（PLN, zł）意指「金色」。他們早期就是用這個字來稱呼外國金幣。不過，第一批茲羅提是在十六世紀以品質極差的銀鑄成。

1茲羅提，克拉科夫
銀，3.1克
1835年

# 貨幣聯盟

當然，如果各地的貨幣體系都相同，經商就更便利。在歐洲大多數地區，羅馬人已經有了統一的貨幣。後來，塔勒成為流行的通用貨幣，在各地都能用來交易。法國二十法郎拿破崙金幣（Napoleondor，1803–1914）也很受歡迎。

## 拉丁硬幣聯盟介

一八六五年，法國、比利時、義大利和瑞士先就法國標準（金銀比例為1：15.5）達成共識成立聯盟，推出相同的金幣與銀幣。後來，許多國家加入這個硬幣聯盟，連俄羅斯後來也配合法國金幣推出相應的金幣。半帝國（Halbimperial，7.5盧布）硬幣等於二十法郎。一九一四至一八的一次世界大戰終結這個硬幣聯盟，這種貨幣制度正式在一九二六年瓦解。

## 歐元歐洲

經歷二十世紀的戰爭與動盪後，歐洲各國都有自己的貨幣。由於渴望能輕鬆經商旅行，「西方國家」循序漸進形成一個新的貨幣聯盟。今日，有三十四個國家與地區使用歐元。

二戰後，世界分成兩派陣營：以美國為首的資本主義國家，對上蘇聯與其他社會主義國家。一九四九年，東歐社會主義國家經濟互助委員會成立。後來，古巴、越南與蒙古也加入。委員會成員在貿易協定、計劃經濟方面以可轉換的盧布（0.987412克金）為計算單位。一九九一年，社會主義聯盟宣告解散。

# Kapitel 3

## GELD NACH DEM GELD

### 貨幣後的貨幣

## 萊頓的圍困古爾登

在八十年戰爭（1568–1648）期間，西班牙軍隊圍困荷蘭的萊頓。為了繼續支付獨立抗爭中的反抗士兵佣金，天主教堂的厚重記錄簿被拿來做成臨時貨幣。

28斯泰佛，萊頓紙
2.05克，1574年

## 蘭道的指揮官銀

一六八八年，法軍入侵德國領土、摧毀數座城鎮。在蘭道，法國人建立自己的基地。一七〇二年，德意志帝國軍圍攻該鎮。

艾歇爾・德・梅拉克
殺戮狂指揮官，1630–1704 年

## 竹錢

中國的太平天國起義（1851－1864）是史上最血腥的內戰，約有三千萬人死亡，經濟與社會生活被摧毀殆盡。所有東西都付之闕如，包括現金。因此，華東地區的銀行與商人發行竹製票令（竹票、錢籌）。後來地方當局接手發行竹錢，這種貨幣在一八七〇至一九四〇年間流通。

## 緊急貨幣 1914–1923 年

一次世界大戰爆發後，德國暫停使用金本位制。帝國銀行的紙幣迅速貶值，通貨膨脹率急速上升，小額零錢都消失了。因此，當地發行緊急貨幣，這種貨幣是由鋼鐵、鋅、木材、瓷器、絲綢、紙板、皮革甚至還有煤粉壓製而成。光是在德國，這種貨幣的發行人就超過一千四百個單位。緊急紙幣與硬幣的設計非常自由，上面常印有詩歌或幽默的圖樣。

## 夏穆拉托沃商品兌換券

夏穆拉托沃股份有限公司於二○○七年在俄羅斯聯邦的巴什科爾托斯坦共和國成立。二○一○至一二年，當地展開一項滯留費貨幣實驗，協助重建蘇聯解體後遭破壞的農業，並創造就業機會。但這項實驗也在當地法院否決下停止。

花用私人的錢是法律禁止的。

我相信格塞爾的精神未來還能帶給我們很多啟發。

約翰‧梅納德‧凱因斯
1883－1946年

西爾維奧‧格塞爾的土地改革與全球貨幣制度變革的夢想無法實現，但甚至到了我們所處的現代，許多國家的城市、村莊和整個地區都在採納他的想法，並引入「區域貨幣」來支持當地經濟。然而，這些並不是法律意義上的貨幣，主要是商品兌換券、折扣券等。

### 區域貨幣

瓦爾德菲特勒區域貨幣（奧地利）2005

伯克股份（美國）2006

劉易斯鎊（英國）2008

凡提（拉脫維亞）2011

基姆幣（德國）2008

托特尼斯鎊（英國）2007

自由貨幣的烏托邦是一個畸形古怪的想像，根本不符合現代經濟學的條件！

約翰‧梅納德‧凱因斯
1883－1946年

### 時間就是金錢

商品與服務都是人類勞動的產物。勞動通常以小時為單位來衡量，所以時間真的是金錢。

如果勞動者只需工作半日就能活一整天，那他只需要工作半日。工作日的後半段是為了企業家的利益而進行的額外勞動。（馬克思）

盈利

企業家

無償勞動

必要勞動

工資勞動者

所有人都應該按照工時獲得報酬，否則就是在吃人。

約書亞‧沃倫
1798－1874年

12英鎊的糧食

### 金錢就是時間

### 辛辛那提時間商店

在這裡，民眾能用勞動來換取貨物。這樣才是公平的！

1小時的勞動

IN ITHACA WE TRUST
13960
1/4
ONE QUARTER HOUR

### 伊薩卡小時

伊薩卡的區域貨幣（美國，1991-2017年）以一小時的勞動為基礎（十美元）。這種貨幣之所以誕生，目的是協助該地區的小企業主。約有五百家企業參與這項計畫。電影院、餐館、手工業者與房東都接受以「小時」為支付方式。美國其他城市也有類似措施。

# 私有貨幣

在十七世紀的不列顛群島，企業家、商人與交易商發行了僅在他們店內有效的代幣（交易券），以此取代小額零錢。這種實物工資制（來自古英文中的「Truck」，即以物易物），是一種以代幣支付工資的普遍做法，進而將勞動者與公司擁有的商店綁在一起。這時常導致債務奴的現象。

對我的工人來說，他們有八小時工作時間，還有八小時睡眠時間，以及八小時休閒時間！

英國企業家與社會改革家羅伯・歐文（1771-1858），試圖改善其工廠勞動者的狀況。除了其他行動，他也引入勞動時間票據而非代幣，這就是一種「工時貨幣」。

1:1

法新，喬治・羅賓遜
銅，0.8克，1669年

## 困難時期的代幣

一八二九至三七年的美國總統安德魯・傑克森提出的金融政策，導致嚴重危機，也就是所謂的「困難時期」。不受控制的紙幣印刷導致通貨膨脹，金屬硬幣消失了。私人企業家在一八三三至四三年間將各種代用貨幣投入流通，這些貨幣通常綴有總統的漫畫與諷刺性評論。

1:1

我全權負責！

1美分代幣
青銅，11克，1837年

福伊希特萬格美分
銅鎳鋅，2.5克
1837年

劉易斯・福伊希特萬格（1805-1876）是紐約的一位德裔猶太化學家，他向美國政府提議用新的廉價合金「鎳銀」來鑄造小額零錢。該提案被拒。隨後，福伊希特萬格開始發行私人貨幣，並透過他的藥局將成千上萬的「福伊希特萬格美分」投入流通。

## 一袋馬鈴薯貨幣

米哈伊爾・什利亞普尼科夫是莫斯科附近科利奧諾沃的農場主，同時也是前中央社會主義共和國中央委員會的銀行家。他在二〇一四年印製自己的紙幣科利奧。這種貨幣在二〇一五年被莫斯科的一家法院禁止。

禁止！

他們查禁了無害的彩色易貨券，哈哈哈！但還是有加密的科利奧貨幣！未來是加密貨幣的天下，不管國家願不願意都沒辦法阻止！

60 k

1 k
(= 50₽)

二〇〇九年，一位自稱中本聰的人（這個假名背後可能藏了好幾個人）宣布一項突破性發明：比特幣！基於特定技術的數位貨幣：區塊鏈，這是一種去中心化的數據庫結構。這種「貨幣」應該能在沒有貨幣或當局中介之下運作，可以直接、免費在兩個參與者之間轉移（P2P），但轉移過程只能在網路上進行。

## 加密貨幣

サトシ・ナカモト

這不是真正的「貨幣」，只是私人產生的數位憑證……

這種「貨幣」的生成與轉移是絕對保密的，參與者都保持匿名，所以才會被稱為加密資產。

加密貨幣分成貨幣以及代幣兩種。

二〇一〇年，首次有兩位使用者透過手機轉移比特幣，現在有超過五千種加密貨幣在線上交易所進行交易。使用者能用這種貨幣支付某些商品服務。

PETRO

保密？你有什麼見不得人的事？這根本是在金援犯罪、販毒和恐怖主義。

小心！這場遊戲風險非常高！

63 682 $

比特幣顯示出許多泡沫經濟的特徵。

**勞勃・席勒，經濟學家諾貝爾獎得主，生於 1946 年**

加密貨幣與私人貨幣迅速蔓延，這使各國感到擔憂。中國、越南與冰島等國已嚴格限制或禁止交易與使用加密貨幣。其他國家試圖控制加密貨幣。白俄羅斯和委內瑞拉宣布推出屬於自己國家的加密貨幣：塔勒（TLR）與佩特羅（PTR）。未被承認的國家也嘗試往這個方向走，例如亞巴佐尼亞（自行獨立的南喀麥隆的名稱）就推出加密貨幣AmbaCoin。加密貨幣未來的發展令人期待。

BITCOIN

0,9 $　1241 $　700 $
2011　2013　2015　2017　2019　2021

比特幣的價格遲早會到達其真實價值，也就是零。

**約翰・奎金經濟學家，生於 1956 年**

## 皇帝的新錢

什麼？！私人貨幣？！這才是唯一真正的法定貨幣！我是皇帝！

**約書亞・諾頓（1811－1880）自稱「美利堅合眾國皇帝」的諾頓一世，舊金山市的瘋子。**

應該將貨幣非國有化！創造私人貨幣之間的自由競爭！結束中央銀行壟斷！這能預防不良的通膨和危機。私人貨幣才是未來！

這位古怪的前商人頒布的勒令受到群眾歡呼，餐廳會替他保留空間與食物，報紙大肆報導他和他的狗。這位「皇帝」發行自己的貨幣，舊金山的商店也願意接受。只限一個人的私人貨幣！

布魯默

**佛烈德利赫・海耶克經濟學家，1899－1992**

所以皇帝說什麼是錢，那個東西就是錢。

拉撒路

正義、平等、和平與富足的夢想，與不公不義、剝削、戰爭和苦難並肩同行。關於如何改變社會秩序，世上有許多看法。

一九一七年革命後，共產主義者廢除私有財產制、土地所有權與繼承權，所有人都能獲得免費的住房。但來到一九二一年，沒有貨幣的世界之夢已經結束。政府必須再度允許市場經濟。在蘇聯，貨幣從未被廢除。

西班牙的左翼政府在一九三〇年代致力於推動社會與經濟改革。無政府主義者宣稱所有商品、土地與服務都是共有財產，並將貨幣廢除。右派與左派、富人與窮人之間的緊張關係，引發一場死傷慘重的內戰，使法西斯主義者在一九三九年取得勝利。

名為紅色高棉的毛派游擊隊運動在柬埔寨上台後，引入了激進的農業共產主義。他們將整個國家變成勞改營，大約有兩百萬柬埔寨人在獨裁統治期間喪命。這種走向「沒有錢的世界」的暴力實驗最後血淋淋地宣告失敗。

# 遙遠的未來和浩瀚無垠的宇宙

作家、漫畫家、電影與遊戲創作者在發明虛擬世界時，經濟系統往往是其中一部分。一般來說，這些對未來的設想都充滿貪婪、暴力與戰爭。能夠超越時空、消滅整個星體的銀河系超級英雄，竟然還是經常仰賴金錢。

## 銀河便車指南

道格拉斯‧亞當斯的系列小說中就出現一種真正的銀河貨幣：特里根普（Triganic Pu，1普=8寧吉（Ningi）。寧吉是一種三角形的橡膠硬幣，邊長約為11000公里！

科幻作品中常見的是「Credits」，也就是通常是透過電子方式管理的純法定貨幣。這些貨幣通常被稱為「元」、「鎊」或甚至是「元鎊」。

**¥€$**

## 戰慄深隧

在根據迪米崔‧高佛斯基的末日劫難小說改編的電玩《戰慄深隧》中，支付媒介為彈藥。

## 星際奇兵

在布萊德‧萊特與強納森‧葛拉斯納的《星際奇兵》系列中，想像中的矽岩金屬可作為貨幣。矽岩金屬膠囊既是金錢也是能量來源。

## 異塵餘生：新維加斯

在電玩《異塵餘生：新維加斯》，世界也一樣晦暗。二二八一年，在一場巨大的核災後，瓶蓋的價值相當於硬幣。

> 這把槍要用什麼東西換？

> 5000個瓶蓋。

## 星艦迷航記

在《星艦迷航記》的宇宙中，尖端技術透過「原子重組」來製造各種物質與物體（除了一種叫白金（Latinum）的液態金屬之外）。貨幣與市場就這樣被廢除。只有在與貪婪的佛瑞吉人交易時，人類才會使用一種貨幣：壓成黃金的白金。

> 哇，好大一艘船！肯定花了不少錢！

> 二十四世紀的經濟是另一回事：貨幣已被廢除，財富不再是生活驅力。工作是為了改善自己與人類。

> 胡說八道！只有錢才算數！

# ANHANG

附録

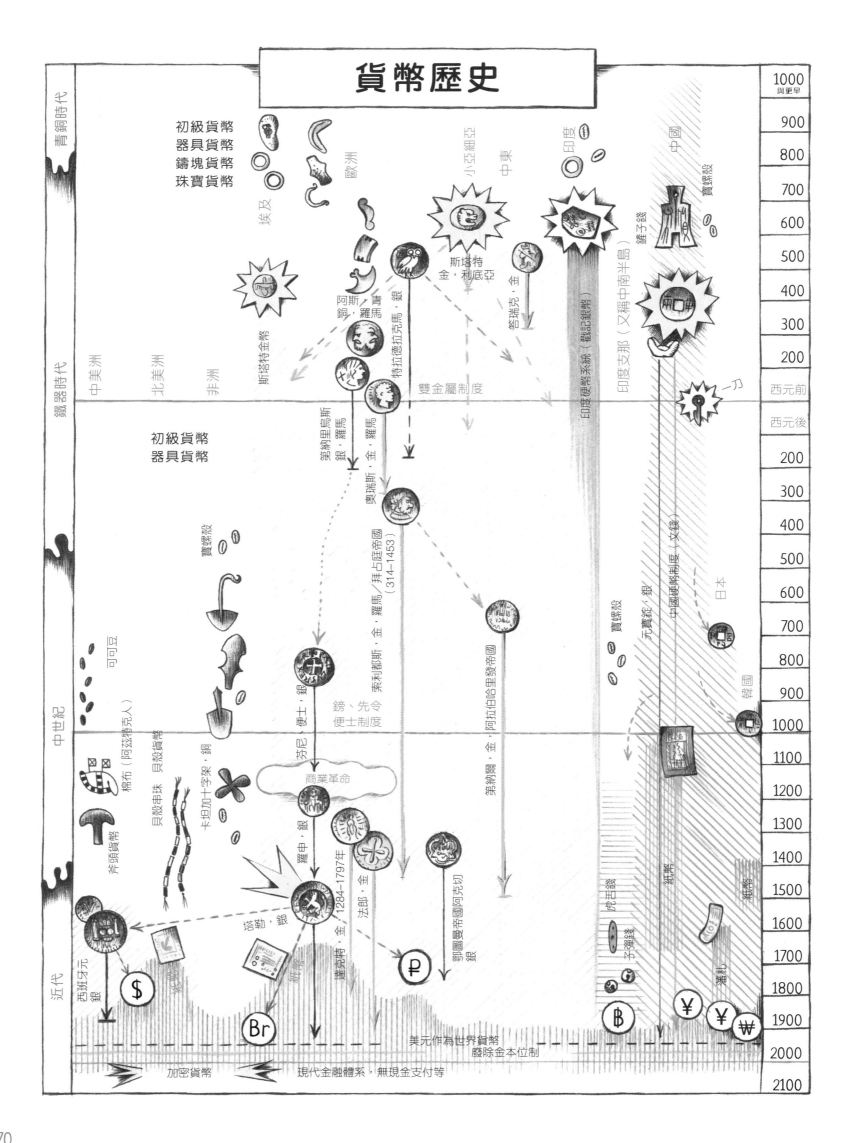

## 作者後記

貨幣誕生以來，人類一直在爭論究竟何謂貨幣，連科學家與專家也無法下定論，而各方的相異觀點往往取決於彼此政治立場的不同。不過，金錢主導並驅動我們的生活與行動，這點絕對毋庸置疑：烤麵包、生產疫苗、在校園中裝設暖氣、建造宇宙飛船、發動戰爭、縫製衣服，我的書也被賣到各國印刷、上架銷售，這些事都得靠金錢來推動。英國歷史學家尼爾·佛格森（Niall Ferguson）表示：「金錢是人類進步的驅力之一。確實，人類至今已成就許多豐功偉業。金錢跟文字一樣，都是令人難以置信的發明。金錢有著悠久的歷史，也有許多令人興奮、悲傷、有趣和瘋狂的過往情節。」

如果沒有金錢，世界有辦法運作嗎？這個奇妙想像力的產物，怎麼有辦法如此決斷地主導現實呢？它又是如何產生？可能會將人類引導至何處？這些問題困擾著我，所以希望能透過寫這本書來進一步研究、自我反思。

幾世紀以來，貨幣的物質形式多樣有趣。小時候我對錢幣非常著迷，甚至還擁有一定規模的硬幣收藏：在奶奶家找到的沙皇銀幣、被丟棄的蘇聯盧布、來自東德的鋁製便士等等。硬幣和紙幣是歷史的見證，同時也是檔案資料以及小型藝術品。

金錢這個主題雖然日常，卻也非常複雜，而且有時聊起來還超嚴肅。金錢不僅主導繁榮與進步，不平等、貧窮、危機與戰爭也會因金錢而起。數以百萬計的人挨餓或負擔不起醫療，但這並不是因為欠缺食物或藥品，而是因為他們沒有錢。安東尼歐·古特瑞斯（António Guterres）在二〇二〇年七月十八日，以聯合國秘書長的身份表示：「不平等定義了我們的年代。世上七成以上的人口生活在收入與財富不均的情況下。世上最富有的二十六人擁有的財富，相當於世界一半人口的財產。」

歷史總是由貪婪和由此產生的犯罪來定義。沒有多少東西是能在一夜之間改變的。但是，器具的使用取決於使用者。人類發明出如此強大的工具，現在唯一要做的就是合理、適切地使用這項工具。讓我們滿懷信心，對金錢貨幣有更警醒自覺的意識！祝大家展書愉快、盡情思考！

維達利

## 資料來源、書籍推薦與連結

· DEUTSCHE BUNDESBANK (HG.): Das Geldmuseum der Deutschen Bundesbank. Hirmer, 2017
· NIALL FERGUSON: Der Aufstieg des Geldes: Die Währung der Geschichte. bpb, 2012
· RICHARD GAETTENS: Geschichte der Inflationen: vom Altertum bis zur Gegenwart. Battenberg, 1982
· DAVID GRAEBER: Die falsche Münze unserer Träume: Wert, Tausch und menschliches Handeln. Diaphanes, 2012
· DAVID GRAEBER: Schulden. Die ersten 5000 Jahre. Goldmann, 2013 · FLORIAN HAYMANN, STEFAN KÖTZ, WILHELM MÜSELER (HG.): Runde Geschichte. Europa in 99 Münz-Episoden. Nünnerich-Asmus Verlag, 2020
· BERND KLUGE: Münzen. Eine Geschichte von der Antike bis zur Gegenwart. C. H. Beck, 2016
· GÜNTER KUHN; BERNHARD RABUS: Geld ist, was gilt. Primärgeld: Vormünzliche Zahlungsmittel aus aller Welt. Staatliche Münzsammlung München, 2009
· JACQUES LE GOFF: Geld im Mittelalter. Klett-Cotta, 2011
· JAMES MACKAY: Coins & Coin Collecting. Hermes House, 2007
· BILL MAURER (ANTHOLOGY EDITOR): A Cultural History of Money. Bloomsbury Academic, 2019 (6 Bände)
· MICHAEL NORTH: Das Geld und seine Geschichte. Vom Mittelalter bis zur Gegenwart. C. H. Beck, 1994
· AXEL T. PAUL: Theorie des Geldes. Junius, 2017
· A. HINGSTON QUIGGIN: A Survey of Primitive Money, The Beginning of Currency. Methuen & Co., 1949
· BERND SPRENGER: Das Geld der Deutschen. Geldgeschichte Deutschlands von den Anfängen bis zur Gegenwart. Schöningh, 2002
· SEBASTIAN STEINBACH: Numismatik: Eine Einführung in Theorie und Praxis. Kohlhammer, 2021
· WOLFGANG TRAPP, TORSTEN FRIED: Handbuch der Münzkunde und des Geldwesens in Deutschland. Reclam, 2006
· CHARLES TILLY: War Making and State Making as Organized Crime. In: Peter Evans, et al. (ed.): Bringing the State Back In. Cambridge University Press, 1985, 169–87

· Bayrisches Münzkontor: www.muenzwissen.com/lexikon
· Börsenlexikon: boersenlexikon.faz.net
· Das hr2-Kinderfunkkolleg Geld: www.kinderfunkkolleg-geld.de · Gesellschaft für Internationale Geldgeschichte e. V.: www.gig-geldgeschichte.de
· Institut für Numismatik und Geldgeschichte an der Universität Wien: numismatik.univie.ac.at
· Interaktive Kataloge der Münzkabinette (IKMK): www.ikmk.net · Kooperative Erschließung und Nutzung der Objektdaten von Münzsammlungen (KENOM): www.kenom.de
· Moneypedia: www.moneypedia.de
· Muenzen-Online: www.muenzen-online.com
· MünzenWoche: muenzenwoche.de
· Münzhandelsgesellschaft mbH & Co. KG Deutsche Münze (MDM): www.mdm.de/muenzwelt
· Netzwerk universitärer Münzsammlungen in Deutschland: www.numid.online
· NumiScience: pecunia.zaw.uni-heidelberg.de/NumiScience

# 專家後記

俗諺「有錢能使鬼推磨」、童話故事「星星塔勒」，或是德國童謠「塔勒、塔勒，你必須遊歷四海。」（Taler, Taler, du musst wandern），這些都圍繞著全人類最想擁有的東西打轉，那就是錢！我自己也花了很長一段時間探討這個議題。當然啦，多數人都說他們每天也在想錢的事，自從小時候每週領零用錢開始就在思考如何用錢。沒錯，每個人其實都是錢、「小石子」、「小老鼠」、「麵糰」的專家，反正錢的綽號百百種。但我也讀了許多關於錢的書籍著作、研究並學習跟錢相關的一切，並將收穫寫了下來。

錢的存在幾乎充斥整個人類史，因為早在幾千年前，我的同類可能也有那些我很想擁有的東西。然後用金錢來購買或交換這些東西，就像今天一樣。然而，很多事情已經改變。過去，人類用貝殼、鹽塊、石片或金屬來支付，這在今天根本是不可能的。

在這本無與倫比的圖文書中，讀者能體會這點：無論是在古羅馬還是中世紀，還是非常現代的現金卡以及行動支付，錢總是令人著迷，不管是硬幣或紙幣皆然。

用心翻閱這本書，讀者很快就能發現這是一本穿越世界貨幣史的旅行指南。大家能深入探究貨幣的起源與流向，讓自己對這個令人為之振奮的主題有更深刻的認識。無論如何，我祝福所有讀者，不管是年輕還是年長，都能從中得到滿滿樂趣。我相信在讀完這本內容豐富、意義無窮的書後，讀者能對「缺錢」、「高利貸金主」、「要是不珍惜一分錢，就不配擁有金幣」等說法有截然不同的理解，大家肯定都能變成金錢專家。

大學講師、經濟史學家與錢幣學家
塞巴斯蒂安・施泰恩巴赫博士（Sebastian Steinbach）

# 博物館與館藏

德國

· Das Geldmuseum der Deutschen Bundesbank
Wilhelm-Epstein-Straße 14
60431 Frankfurt am Main
www.bundesbank.de/de/bundesbank/geldmuseum

· Münzkabinett
Staatliche Kunstsammlungen Dresden
Residenzschloss
Taschenberg 2
01067 Dresden
www.muenzkabinett.skd.museum

· Münzkabinett
Staatliche Museen zu Berlin
Am Kupfergraben
10178 Berlin
www.smb.museum/museen-einrichtungen/muenzkabinett

· Die Staatliche Münzsammlung München
Residenzstraße 1, Residenz
80333 München
www.staatliche-muenzsammlung.de

奧地利

· Geldmuseum der Österreichischen Nationalbank
Otto-Wagner-Platz 3
1090 Wien
www.oenb.at/Ueber-Uns/Geldmuseum.html

· Burg Hasegg/Münze Hall Burg Hasegg 6
6060 Hall in Tirol
www.muenze-hall.at/de

瑞士

· MoneyMuseum
Hadlaubstrasse 106
8006 Zürich
www.moneymuseum.com

· Schweizer Finanzmuseum
Hard Turm Park
Pfingstweidstrasse 110
8005 Zürich
www.finanzmuseum.ch

# 縮寫詞列表

- BCEAO：西非國家中央銀行
- BEAC：中部非洲國家銀行
- CEMAC：中部非洲經濟與貨幣共同體
- Centrale：中部非洲經濟與貨幣共同體
- SPQR：元老院與羅馬人民
- UEMOA：西非經濟貨幣聯盟

## 金屬

- Ag：銀
- Au：金
- Cu：銅
- Fe：鐵
- Ni：鎳
- Pb：鉛
- Sn：錫
- Zn：鋅

## 貨幣

- Arg$：阿根廷披索
- AU$：澳洲元
- BIF：蒲隆地法郎
- BR$：汶萊元
- BYN：白俄羅斯盧布
- C$：加拿大元
- CDF：剛果法郎
- CFP：太平洋法郎（法國先前於太平洋的殖民地）
- CHF：瑞士法郎
- COL$：哥倫比亞披索
- DKK：丹麥克朗
- DM：德國馬克
- DZD：阿爾及利亞第納爾

- E£：埃及鎊
- EC$：東加勒比海元
- Franc CFA：非洲法郎（又分中非法郎與西非法郎）
- Gib£：直布羅陀鎊
- GNF：幾內亞法郎
- GY$：蓋亞那元
- HK$：港幣
- IDR：印尼盾
- IQD：伊拉克第納爾
- IRR：伊朗里亞爾
- ISK：冰島克朗
- Kč：捷克克朗
- KES：肯亞先令
- KMF：葛摩法郎
- LKR：斯里蘭卡盧比
- LR$：賴比瑞亞元
- LYD：利比亞第納爾
- Mex$：墨西哥披索
- MUR：模里西斯盧比
- MVR：拉菲亞（馬爾地夫盧比）
- N$：納米比亞元
- NOK：挪威克朗
- NPR：尼泊爾盧比
- NT$：新台幣
- NZ$：紐西蘭元
- OMR：阿曼里亞爾
- PKR：巴基斯坦盧比
- R$：黑奧
- RWF：盧安達法郎
- S$：新加坡元
- SAR：沙烏地里亞爾

- SCR：塞席爾盧比
- SEK：瑞典克朗
- SI$：索羅門群島元
- SOS：索馬利亞先令
- SR$：蘇利南元
- SS£：南蘇丹鎊
- Sud£：蘇丹鎊
- syr£：敘利亞鎊，又稱敘利亞里拉
- TND：突尼西亞第納爾
- TT$：千里達及托巴哥元
- TZS：坦尚尼亞先令
- US$：美元
- YER：葉門里亞爾
- ZWL$：辛巴威元

- B|：巴拿馬巴爾博亞波
- ₵：迦納塞地 Cedi (Ghana)
- $：元、埃斯庫多、披索、里亞爾
- €：歐元
- ƒ：荷蘭古爾登
- Fr：法郎
- £：鎊、里拉
- ₱：菲律賓披索
- ¤：俄羅斯盧布
- ₹：印度盧比
- ₸：堅戈
- ₮：蒙古圖格里克
- $U：烏拉圭披索
- ₩：元
- ¥：元
- Zł：茲羅提

# 註解

- 第五頁：對北美西北部Kwakwa-ka'wakw人來說，銅板Tlakwa是非常重要的地位與財富象徵，價值甚至等於數艘船或房屋。但在整個部落面前公開銷毀這種銅板，這才是最酷的事。

- 第七頁：「錢就是錢能做的事」，這是美國經濟學家弗朗西·沃克（Francis Amasa Walker）的名言。據此，任何具有貨幣功能的東西都能當成貨幣使用。貨幣可以是一種交換媒介、記帳單位或是價值儲存手段，但前提是其價值維持穩定。

- 第九頁：Kwehkwe, Khwe等於你好、嗨（莫霍克，易洛魁聯盟）

- 第十一頁：掘足綱跟扇貝和螺一樣屬於有殼類軟體動物，其貝殼被北美洲的許多人用做珠寶和／或貨幣。
  - Twee snoeren voor alles＝用兩串換全部（荷蘭文）
  - Tekeni＝兩串（莫霍克，易洛魁聯盟）

- 第十三頁：Kopra指的是乾燥的椰肉，用於生產椰子油。

- 第十九頁：帶有圖坦卡門戳章的銀條，由日內瓦拍賣屋Numismatica Genevensis於2019年11月18日拍賣。

- 第二十頁：非洲族裔群體有時是由殖民國家任意「建構」的，這就說明為何同一個族裔群體有時會有數個名稱。

- 第二十一頁：
  La manille：腳環、枷鎖（法語，繩索中的弓形固定部件）
  Anilha：腳環（葡萄牙語）

- 第二十四頁：B 的意思是「布」（中文），至於鏟幣為何會被稱為布，中國人自己也已經不曉得了。

- 第二十五頁：1特拉凡哥爾盧比等於7法納姆，等於28恰克蘭姆，等於448卡蘇（Kasu）

- 第二十七頁：德爾菲神殿是西元前五世紀至西元四世紀期間，位於古希臘的一個能預知未來的神聖場所。

- 第三十頁：Moneta（拉丁文、義大利文、波蘭文、立陶宛語），monēta（拉脫維亞語），moneda（西班牙文），moeda（葡萄牙文），monedă（羅馬尼亞文），monedha（阿爾巴尼亞文），monnaie（法文），mint，money（英文），mønt（丹麥文），munt（荷蘭文），mynt（冰島文、挪威文、瑞典文），münt（愛沙尼亞文），Münze（德文），монета（[moneta]俄文、烏克蘭文、吉爾吉斯文），манета（[maneta]白俄羅斯文）。әнет（[mәnet]哈薩克文），манньыат（[mann'yat]雅庫特語），（[moneta]喬治亞語）等。Manat也是亞賽拜然與土庫曼的貨幣名稱。

- 第三十二頁：在英國，英鎊、便士、先令制度一直存在到一九七一年。當然，二十世紀的英國英鎊已經不值408克白銀。馬克（半鎊）和芬尼在德國一直存在到二〇〇二年。

- 第三十三頁：no problema（義大利文）指「沒問題」

- 第三十四頁：在東南亞，甘蔗向來是常見的作物。歐洲沒有甘蔗，所以糖在歐洲簡直價值連城。直到十九世紀末，歐洲才開始以工業化的規模用甜菜生產糖。十九世紀，歐洲人終於得以填滿對甜食的飢渴。
  - Testone：帶有肖像的硬幣（英文：testoon；義大利文：la testa 指頭部）

- 第三十六頁：Ave Caesar, victor imperator!：皇帝萬歲！勝利的王者！（拉丁文）

- 1457-1460年，歐洲第一次通膨

- 「超多劣幣被鑄造出來。不管今天1個古爾登等於多少，明天大家就會在上面多加30芬尼。」

- 第三十七頁：「如果以同樣的價格交換，劣幣會驅走良幣。」勞勃·孟岱爾（Robert Mundell，加拿大經濟學家、教授、諾貝爾獎得主）認為的格蘭辛法則。

- 第三十八頁：Gosudar'：我的主人（俄語，государь）
  - 俄羅斯的國家貨幣盧布（等於100戈比），在一七〇四年前只是一個記帳單位。

- 第三十九頁：大北方戰爭（1700 - 1721）

- 如今，何塞·瑪麗亞·莫雷洛斯（José María Morelos，1765–1815）被視為墨西哥的民族英雄，硬幣與紙幣上都能看見他的肖像。

- Compañeros 指夥伴（西班牙文）

- 第四十頁：Chao：中國蒙元王朝的鈔紙幣（中文）

- 第四十一頁：
  - Han：藩，日本江戶時代幕藩體制對將軍家直屬領地以外大名領國的非正式稱呼（1603年至1868年）（日文）
  - Banco：換鈔桌、銀行（義大利文）
  - Välkommen till Sverige：歡迎來到瑞典（瑞典語）
  - Kreditivsedlar：信用單、信用票據（瑞典語）

- 第四十二頁：
  - 西班牙人根據純度與重量使用不同記帳單位，例如Peso de oro de minas（金）937 ‰ ＝ 450 Maravedís（銅）
  - Macuquinas：據說來自阿拉伯語的 machuch，或是克丘亞語的 makkaikuna（捶打）
  - 這十三個殖民地為新罕布夏州、紐約州、麻薩諸塞州、羅德島、康乃狄克州、賓州、紐澤西州、馬里蘭州、德拉瓦州、維吉尼亞州、北卡羅來納州、南卡羅來納州、喬治亞州。

- 第四十三頁：西班牙壓邊銀圓因邊緣經過壓花而得名。邊緣壓花讓硬幣的貴金屬不會被裁切或磨銼掉。

- 第四十八頁：
  - von accomendare：委託（義大利文）
  - Ciao, ragazzi！Buon fortuna！：兄弟，再見！祝你們一帆風順！（義大利文）
  - Deut（荷蘭文duit），在十七至十九世紀是一種荷蘭硬幣。1 Deut等於1/8 Stüber（荷蘭文：stuiver斯泰佛），等於1／160古爾登
  - Ada apa？：現在是怎樣？！（印尼文／馬來西亞文）

- 第五十一頁：10 000古爾登的價值等於一間大房子。在十七世紀荷蘭，平均年收入為150古爾登。

- 第五十三頁：烏克蘭貨幣荷林夫納的名稱，是來自斯拉夫語的Griwna（俄文 гривна，烏克蘭文гривня，波蘭文grzywna，捷克文hřivna）。這原本是青銅、白銀或黃金製成的墜飾，後來成為計算與重量單位（約兩百克）。

在十一至十四世紀前，這是東歐相當常見的支付媒介，後來才被銀錠與硬幣取代。俄羅斯十戈比硬幣的舊稱Griwennik也是來自相同詞源。在前硬幣時代，黑貂、貂皮、海狸、松鼠等珍貴的動物皮毛，在整個歐亞大陸都是交換與支付的媒介。我們仍能從某些貨幣的名稱中看出這項傳統。例如，克羅埃西亞的庫納（Kuna）硬幣上有一頭貂，因為在許多斯拉夫語系語言中，Kuna或Kuniza的意思是貂。突厥語中的「松鼠」一詞，也曾是小零錢的名稱，並且出現在：烏茲別克的1 So'm = 100 Tiyin（二〇二〇年撤銷）；吉爾吉斯的1 Som=100 Tyjyn（幾乎不流通）；哈薩克的1 Tenge＝100 Tiyn（二〇一二年撤銷）。

· 第五十五頁：

-Chalidschi不僅是一種早該在二〇一〇年於阿拉伯半島推出的貨幣，也是阿拉伯舞蹈與音樂風格的名稱。

-Haram：禁止的，在口語上經常被用來當成拒絕的短語（阿拉伯語）

-Très bien, mes chers：太好了，親愛的（法文）

-France dégage！：法國，滾出去！（法文）

· 第五十六頁：

-Unu mondo, unu lingvo, unu mono：一個世界、一種語言、一種貨幣（世界語）

-Bancor（凱因斯提出的世界貨幣）不是加密貨幣Bancor。

· 第五十七頁：G20國家由最重要的工業化國家與新興國家組成，包含十九國與歐盟。

· 第六十一頁：

-Stuiver：古老的荷蘭硬幣，20 Stuiver = 1古爾登，至今仍是五分硬幣的暱稱

-4 Livre 4 Sou（帶有戳章的盤緣，1702年，蘭道）：柏林國家博物館硬幣部門持有。

· 第六十三頁：「時間就是金錢」這句話據稱來自富蘭克林（1706–1790），首次於一七四八年出現在《美國導師，或青年的最佳伴侶》（The American Instructor; Or, Young Man's Best Companion）一書中。在一八三七至一八三八年的困難時期，美國許多製錶商與珠寶商都鑄造帶有這句話與錶盤圖樣的代用貨幣。

· 第六十四頁：I take the responsibility！：我承擔責任！（英文）

· 第六十六頁：Madrecita指的是小媽（西班牙文）

· 第六十七頁：¥€$，日圓歐元美元，動畫系列攻殼機動隊中的通用貨幣，背景設於二〇三〇年。

· 第七十頁：

-Nefer-nub：古埃及在西元前三百六十年左右推出的第一枚硬幣，是一種金質斯塔特

-Yi Dao：西元九至二十三年間中國皇帝王莽的刀幣，其申報價值為五千文，這是推行純法定貨幣的初期嘗試。

# 詞彙解釋

- Aktie：股份，一個人擁有一家公司股份的證券或文件，擁有股份的人有權獲得公司的利潤份額。
- Aktiva：資產，公司的資產，如銀行存款、工廠和機器。
- Alternativwährung：替代貨幣或次要貨幣，除法律認可的貨幣外，越來越多人使用外國貨幣，例如在邊境地區，或是當民眾對法定貨幣失去信心時。
- Anarchismus：無政府主義（古希臘文anarchos意指「沒有統治」），一種政治觀，目標是廢除所有人對人的統治。
- Anleihe：債券，買方用來證明自己向公司或國家提供貸款的證券，但與股份不同，債券持有者並非共有人。但買方有權要求還款並取得利息。
- Avers (Av.)：正面，硬幣或獎牌的正面。
- Beischlag：仿造劣幣，指的是有人想仿造另一位鑄幣師的原始設計，並利用這種受歡迎的硬幣來從中謀利，但仿造品的價值通常比較低（請參考劣幣）。
- Blockchain：區塊鏈，這是一種公共數據庫，其中不同的數據紀錄（「區塊」）以不可改變的方式相互連接。每位參與者都會收到一份區塊鏈的副本，這與每個新的連結和新的區塊同步，所以通常被視為是一種相對安全的交易方式。可以添加新的區塊，但不能刪除現有區塊。
- Börse：交易所，經過組織、用來交易股票或貨物的市場。
- Broker：經理人，代表客戶（投資者）進行股票和其他證券交易的中介者；中間人。
- Buchgeld bzw. Giralgeld：活期存款（義大利文giro等於圓形、循環），記錄下來的存款資產，能用來實現無現金支付交易。
- Coins：一種獨立的數位貨幣（如比特幣、以太坊）的單位。
- Continental Currency：大陸貨幣，美國的第一枚自有貨幣，於一七七六年推出，用於金援美國脫離大英帝國的獨立戰爭；一七八〇年再次失去價值。
- Debitkarte：簽證金融卡，用於無現金支付的銀行卡，金額會從帳戶中即時扣除。
- Deflation：通貨緊縮，當商品供應大於買方需求，價格水平普遍持續下降（相反：通貨膨脹）
- Einlage：存款，帳戶中的帳款
- Emission：發行，向公眾發行證券或貨幣
- Emittent：發行人，證券、鈔票等的發行人
- Fiatgeld：法定貨幣（拉丁文fiere：它出現、它存在、它成為），沒有固定價值的支付媒介。由國家或政府人為創造而出，法定貨幣的價值取決於供需關係。今天，所有由政府支持的貨幣都是法定貨幣。
- Gegenstempel bzw. Kontermarke：反戳章或反標記，敲在硬幣上的小字母或符號，除了是貨幣檢測紀錄，也是讓外國貨幣正式進入流通的手法。
- Genussscheine：參與證書，像股票一樣，但在公司沒有投票權。
- Guerilla：游擊隊（西班牙文la guerrilla，意指小戰爭），一小群戰鬥人員，通常會獲得農村人口的支持。
- Gusskuchen：鑄餅，青銅時代的未加工金屬錠，是支付與價值儲存媒介。
- guthaltiges Geld：良幣，硬幣的名義價值與貴金屬價值幾乎相同（相反，劣幣）。
- Golddeckung：金本位制，流通中的貨幣供應，由相應數量的黃金來支持。金本位制的好處在於，中央銀行只能印製國家擁有的黃金數量的貨幣，所以無法產生無限的債務。
- Inflation：通貨膨脹，由於需求高於商品供給，價格普遍持續上漲（相反：通貨緊縮）。
- Investor：投資者，將資本投入某個領域或提供另一間公司資金的個人或公司，目的是從中賺取利潤。
- Kapital：資本，在國民經濟中，資本是繼勞動力和土地之後的第三個總體經濟生產要素。
- Kapitalismus：資本主義，基於自由市場經濟精神的經濟體系（也就是不受國家控制），其驅力是個人的利益動機。
- Kommunismus：共產主義，指生產手段完全不屬於個人，而是屬於集體社群的社會狀態（在社會上，所有人都該是平等的）。
- Konto：帳戶（義大利文conto，意指帳目），帳戶持有人的支出與收入會被記錄在帳戶中。可將錢存入或取出帳戶，或將錢移轉至其他帳戶。
- Kredit：貸款，向他者借出一定數量的錢，往後必須連本帶利償還。
- Krypto-Asset：加密資產，不需要銀行或公家單位等中介機構中介的數位資產；加密貨幣和各種代幣都屬於加密資產。
- Kryptowährung：加密貨幣（古希臘文krypto，意指隱藏、隱蔽的），數位的加密貨幣。這種交易媒介可透過加密的計算路徑在任何電腦中生成，從而形成區塊鏈。網路貨幣沒有具體的型態，它們是存在於電腦或數位帳戶中的數據。
- Kurantmünze：庫蘭特硬幣，這是一種全值硬幣，其面額與金屬價值相當，幾乎等於小金屬塊。參見Scheidemünze。
- Leitwährung：主導貨幣，國際上廣泛使用的貨幣，因此也是其他貨幣的指標，並在國際上作為交易和外匯儲備貨幣使用。
- Monopol：壟斷（古希臘文monos意指單獨，古希臘文po-lein意指銷售），代表一家公司在市場佔有領先地位，是某種商品的唯一供應或銷售商。
- Münzfuß：硬幣標準，法律上針對某種硬幣規定的固定重量與金屬價值。
- Münzfälschung：硬幣偽造，硬幣偽造、假幣與仿造劣幣是三個不同的概念。硬幣偽造是指偽造不再被承認為支付手段的硬幣，而假幣則是模仿法律承認的支付媒介。所以，硬幣偽造對收藏家不利，但假幣則有損國家與現行法定貨幣。
- Nominal：名義（拉丁文nominare代表「指名」，拉丁文nomen意指「名目」），這是錢幣學中經常出現的術語，以其名稱來指定一種硬幣，例如歐元、美元、羅申。名義也能用來指涉貨幣的面額。
- Nominalwert：某種支付媒介的面值；在法律上被命名為法定貨幣的價值。

- Numismatik：錢幣學，研究錢幣、貨幣史以及貨幣之意義的學科。
- Ochsenhautbarren：牛皮錠，由生銅或青銅製成的金屬錠，是在青銅時代於地中海東部地區常見的金屬錠，也是一種支付媒介。
- Option, Optionsschein：購置權、購置權憑證，在預定條件下，在一定時間內獲得某種東西的權利。
- Primärgeld（Primitivgeld）：初級貨幣（原始貨幣），硬幣時代前的支付媒介或早期的貨幣形式，例如貝殼貨幣（因為這些物品具有交換與使用價值）。初級貨幣也指貨幣基礎，這是一種只能由中央銀行創造的貨幣。
- Privatgeld：私人貨幣，所有不由國家發行的貨幣，例如加密貨幣。私人資金也指例如貸款所需的資金，但不是來自銀行，而是來自私人籌款募資。這筆款項可透過中介機構，在借款人與貸款人之間完成轉移。
- Promille：千分比（‰），計量單位，整體的千分之一，1‰ = 0,001 =10的負三次方。
- Punze：印記，用於金屬與皮革加工的印記，以及材質中的印記（例如硬幣上的純度印記）。
- Reservewährung：儲備貨幣，用來進行國際貿易的主導貨幣，具有高度價值穩定度，可與其他貨幣兌換，所以國家或中央銀行才會儲備這種貨幣（例如美元、瑞士法郎）。
- Revers（Rv.）：反面，硬幣或獎章的背面。
- Scheidemünze：離別硬幣，用來解決交易時價值上的小差異，買賣雙方才能友善地完成、結束交易。硬幣的金屬價值比名義價值還低。請參考 Kurantmünze。
- schlechthaltiges Geld：劣幣，硬幣的名義價值高於貴金屬的實際價值（相反：良幣）。
- Schuldknechtschaft：債務奴，債務人因無力償債而衍生的依附關係以及隨之而來的經濟剝削。今天，這種制度依然存在於某些國家！
- Spekulationsblase：泡沫經濟，由於市場存在巨大需求，商品（如原物料）或證券被以越來越高的價格出售和購買的市場狀況。如果需求開始下降，這種價格螺旋就會結束。如果有越來越多的市場參與者想將自己的持有出售，價格就會迅速下降，泡沫就會迅速破滅。
- Steuer：稅收，向國家或公法群體支付的金額，作為整體收入的一部分，藉以滿足國家的一般財政需要（直接稅：直接支付給國家，例如所得稅；間接稅：包含在商品價格中，例如增值稅）。
- Stückelung：面額，將貨幣、證券等劃分為不同面值。
- Terminbörse：期貨交易所，指在事先約定的條件下，在稍後日期才履行交易的交易所。
- Terminvertrag：遠期合約，買賣雙方的私人協議，在指定的日期以指定的價格買賣一個有價值的項目（例如貨幣）。
- Tilgung：贖回，償還一項以上的債務。
- Token：代幣（1）英文的token或count token，也就是錢的替代品，例如用泥土或木頭製成的代幣，可用於交換服務，例如現今的遊樂設施或游泳池代幣。（2）基於已存在的區塊鏈的數位代幣，既可作為支付媒介，也可用於記帳。市面上有不同類型的代幣。
- Transaktion：交易，經濟參與者之間轉移貨物、證券乃至貨幣的行為，例如將貨幣從一個帳戶轉到另一個帳戶。
- Umschrift：刻印文字，在硬幣正面或背面沿著邊緣刻印的文字。
- Warenbörse：商品交易所，用來交易某些產品（商品或食品）的交易所。
- Währung：貨幣，一個國家或貨幣區（例如歐洲聯盟經濟暨貨幣聯盟）的法定貨幣。
- Währungssystem：貨幣制度，規範一個國家或貨幣區的根本原則。在國際貨幣體系的運作下（例如匯率調節），貨物、貨幣與服務才得以順利流通轉移。
- Währungsunion：貨幣聯盟，幾個國家合併成一個較大的單位。在一個貨幣聯盟內，各國會使用相同貨幣、執行相同的貨幣政策，例如歐洲聯盟經濟暨貨幣聯盟的歐元。
- Wechsel：匯票，載明須在規定時間內支付一定金額之指示的證券，是公認歐洲最早的一種無現金支付方式。
- Wertpapier：證券，代表產權的文件，是民眾在證券交易所買賣之標的（如股票、債券）。
- Wertpapierbörse：證券交易所，買賣證券的交易所。
- Wertspeicher：價值儲存物，貴重金屬條或黃金首飾等物品，這些物品的價值到未來依然存在。貨幣是一種價值儲存，因為貨幣的購買力被儲存起來。價值儲存有好有壞，也就是說價值儲存的價值會隨時間推移而增減。
- Windhandel：風中交易，賣空，也就是賣出不屬於賣方的證券。
- Zins：利息，轉移外部資本所需的金額。這是借款人從銀行獲得資金時衍生的借款成本，借款人必須用貸款或資產來償還。利息以百分比來表示。

## 額外補充

### 狗牙硬幣

由澳洲管理的新幾內亞先令硬幣（1938-1945）上有一串狗牙項鍊，這是當地人夢寐以求的貨幣，這同時也是為了標示新錢的價值。

### 騙子鎳幣

「最笨的美國硬幣」或「騙子硬幣」是一八八三年的一種五美分硬幣。這枚硬幣不僅與當時的與美元金幣大小相同，上頭還同樣壓印著自由女神頭像，並帶有羅馬數字「V」。很快，市面上就充斥著鍍金的鎳幣，讓當局頭痛不已。在後來發行的硬幣上，當局多加了「美分」一詞，以免與五美元混淆。

### 幻想橋樑

歐元紙鈔上描繪的橋樑是國家之間聯繫的象徵。這些橋樑純屬幻想，這樣就不會有國家覺得自己被排擠。但自二〇一三年起，你真的可以在這些橋樑上行走。在荷蘭的斯派克尼瑟（Spijkenisse），設計師（Robin Stam）將紙鈔上的橋樑化成實體，變成運河上的迷你翻版橋樑，就連顏色也和紙幣上的相吻合。

### 美元拼貼藝術

美國藝術家馬克・瓦格納（Mark Wagner）每年都要裁切數千美元，用這些美元製作藝術品。他的紙鈔拼貼作品雖然風格有趣，但探討的議題非常嚴肅，例如金錢與財富的性質以及美國的身份認同。在某些國家，銷毀紙鈔屬於刑事犯罪行為，會遭到起訴。例如，破壞紙幣上的泰國國王肖像，可能會讓你因為「褻瀆國王」而入獄。

### 鬍子戈比

一次西歐行後，彼得大帝希望能讓俄羅斯現代化，並於一六九八年命令他的蓄鬍臣民修剪自己的鬍鬚，將鬍鬚修到符合西歐的傳統。此舉引發騷亂與抗議，因為在東正教基督徒中，剃鬍被認為是一種罪。因此，沙皇祭出鬍鬚稅，只要繳這筆稅就不必剃鬍。蓄鬍者會拿到一塊印有鬍子圖案的銅幣作為付款證明，這就是所謂的「鬍子戈比」。爾後，這些代幣偶爾也被當成小額零錢使用。

### 最髒的錢

鈔票經常易手，上頭附著各式各樣的微生物，包含各種病原體：病毒、細菌、真菌及寄生蟲。例如，研究者就在巴西里亞爾上發現三千多種細菌病毒。最常被檢測出的病原體是那些引發腸胃道感染、支氣管炎、中耳炎、肺炎、角膜炎、傷口感染及痤瘡的病原體。

### 二點五歐元

二〇一五年，比利時想發行一枚二點五歐元硬幣來紀念滑鐵盧戰役兩百週年時，法國感到非常抗拒並表態否決。法國民族英雄拿破崙在滑鐵盧慘敗。不過，由於每個歐元國都能自己決定是否發行紀念幣，比利時人就專為滑鐵盧戰役發行一枚二點五歐元的紀念幣（不是官方支付媒介）。

### 歷史最悠久的流通硬幣

瑞士十分硬幣又有Zehnräppler的別名。自一八七九年來，這枚硬幣的設計與合金（銅鎳合金）都沒有改變，使其成為仍在流通的硬幣中歷史最古老的一枚。

### 世上最大的金幣

超大的特殊硬幣實際上並不是硬幣，而是類似於獎章的東西。這些硬幣主要是為了紀念與收藏而存在，當然也是為了讓人拿出來炫耀。加拿大皇家鑄幣廠在二〇〇七年鑄造六枚各重達一百公斤純金的金幣後，炫耀地說：「我們有世界上最大的金幣。」二〇一七年，來自柏林新克爾恩（Neukölln）的青年從一個博物館偷走一枚這樣的「大楓葉」（Big Maple Leaf）。小偷被抓，但硬幣依然下落不明。二〇一二年，澳洲人用一噸黃金鑄造迄今世上最大的金幣，其名為「澳洲袋鼠」（Australian Kangaroo）。最好不要把這些袋鼠帶來柏林……。

Vitali Konstantinov

# 世界文字
# 圖解簡史

ES STEHT GESCHRIEBEN Von der Keilschrift zum Emoji

維達利——繪著　　鹿玉鈺——譯

穿越世界5500年
說＋畫＋寫：
人類文字的冒險全劇本

無論是在石頭、貝殼或骨頭上鏤刻，乃至於在沙土或白樺樹皮上作畫，
人類祖先似乎一直都很善於利用簡單或是複雜的文字或圖像來彼此溝通，
即便到了現在，我們都還是學著像他們一樣，繼續在做著同樣的事。
不管是用筆、鋼筆或智慧型手機，我們每天都會寫下個人想法，
並傳出成千上萬條的訊息，發送到世界各地。

在這本有趣且大膽的圖文書裡，作者兼繪者維達利以俏皮的圖像小說風格，
企圖呈現全世界前後橫亙五千五百年，超過一百種書寫文字的發展歷史：
從史前時代到電腦時代；從楔形文字、古埃及象形文字、古希臘字母，
到今日大家手機或電腦普遍使用的表情符號，
乃至於《星艦迷航記》系列電影中
為外星族獨創出來的克林貢語（Klingon）等有趣的發展故事……
——用漫畫呈現出來。

## 關於作者

維塔利·孔斯坦蒂諾夫於一九六三年生於蘇聯，在共產主義精神下成長、受教育，後來與祖國一起被扔進了改革開放的狂亂掠奪資本主義，親身經歷貨幣改革與惡性通膨等現象。一九九六年起，他就一直生活在聯邦資本主義的社會導向市場經濟中，具有自由插畫家、漫畫家與圖文書工作者等身份。他的書已在四十國出版，並獲得許多獎項。近期，他的非虛構漫畫《書寫的歷史》（Es steht geschrieben: Von der Keilschrift zum Emoji），入圍德國青少年文學獎。

www.vitali-konstantinov.de

www.instagram.com/vitali_konstantinov

## 謝詞

筆者衷心感謝塔格瑪·申明斯科（Dagmar Schemske）在過程中監督進度、展現極大耐心。感謝蕾娜·安勞夫（Lena Anlauf）給予這本書支持，以及精確無誤的排版。感謝塞巴斯蒂安·施泰恩巴赫和雅諾·喬庫西（Arne Jockusch）兩位博士提供專業知識與重要建議，還要謝謝整個格斯滕貝格出版社（Gerstenberg）的團隊！

格斯滕貝格出版社感謝塞巴斯蒂安·施泰恩巴赫博士和雅諾·喬庫西博士，非常感謝他們以專家之姿審閱本書！

作者：維達利 Vitali Konstantinov　譯者：溫澤元

責任編輯：趙曼孜　美術編輯：王慧傑

出版者：大塊文化出版股份有限公司 台北市105022南京東路四段25號11樓

讀者服務專線：0800-006689　TEL：(02) 87123898　FAX：(02) 87123897

郵撥帳號：18955675　戶名：大塊文化出版股份有限公司

法律顧問：董安丹、顧慕堯律師　版權所有　翻印必究

Author / Illustrator: Vitali Konstantinov

Title: Alles Geld der Welt

Copyright © 2022 Gerstenberg Verlag, Hildesheim

Chinese language edition arranged through HERCULES Business & Culture GmbH, Germany

Complex Chinese translation copyright © 2022 by Locus Publishing Company

All rights reserved

總經銷：大和書報圖書股份有限公司　地址：新北市新莊區五工五路2號

TEL：(02) 89902588 (代表號)　　FAX：(02)22901658

初版一刷：2022年11月　定價：新台幣 800 元

國家圖書館出版品預行編目(CIP)資料

圖解貨幣簡史/維達利著；溫澤元翻譯. -- 初版.
-- 臺北市：大塊文化出版股份有限公司, 2022.11
面；　公分. -- (Catch ; 287)
譯自：Alles Geld Der Welt
ISBN 978-626-7206-06-5 (精裝)
1.CST: 貨幣史
561.09　　　　　　111013962